聪明女人的说话之道

李 雪／著

天津出版传媒集团

天津人民出版社

图书在版编目（CIP）数据

聪明女人的说话之道 / 李雪著. --天津：天津人民出版社, 2018.1
　　ISBN 978-7-201-12585-5

　　Ⅰ.①聪… Ⅱ.①李… Ⅲ.①女性—口才学—通俗读物 Ⅳ.①H019-49

中国版本图书馆CIP数据核字（2017）第284565号

聪明女人的说话之道
CONGMING NÜREN DE SHUOHUA ZHIDAO

出　　版　天津人民出版社
出 版 人　黄　沛
地　　址　天津市和平区西康路35号康岳大厦
邮政编码　300051
邮购电话　（022）23332469
网　　址　http://www.tjrmcbs.com
电子信箱　tjrmcbs@126.com

责任编辑　陈　烨
选题策划　李世正
特约编辑　杨佳怡
内文设计　邱兴赛
封面设计　任燕飞

制版印刷　北京华创印务有限公司
经　　销　新华书店
开　　本　880×1230毫米 1/32
印　　张　8.25
字　　数　110千字
版次印次　2018年1月第1版　2018年1月第1次印刷
定　　价　38.00元

拼拼拼的年代，"言值"比"颜值"更重要。

"颜值"对于女人来说，到底有多么重要，想必不用说大家也知道。可是，在这个拼拼拼的年代，"言值"其实要比"颜值"更加重要。

"言值"就像是随身携带的"美颜"相机，能够让相貌平平的你看起来"风华绝代"，能够让平凡普通的你看起来"出类拔萃"，能够让毫不起眼的你迅速"脱颖而出"。

提升女性"言值"，是一门人生艺术，也是一门生存之道。掌握了这门艺术，便掌握了自己的命运；精通了这门技能，生活得以游刃有余。

著名主持人小S徐熙娣，一直是台湾地区主持界的领头人，靠的就是她的高"言值"。

小S给人的第一印象是长相不错，但还没有到惊艳的地步。可是，她主持的节目、她说出的每一句话都能让你为之一振，实而不华，华而不扬。她18岁的时候与台湾地区金牌主持人吴宗宪一起主持《我猜我猜我猜猜猜》节目，演出了"搞笑天后"的铁效果；20岁的时候在《娱乐百分百》节目里戴着钢牙套主持，完全没让人有一丝不适感；26岁的时候与"台湾才子"蔡康永主持《康熙来了》节目，有张有弛，让该节目多年来一直稳坐收视冠军。

　　小S的主持风格前卫激进又不失幽默风趣，在节目中她果敢大胆的提问虽然会让很多嘉宾当场汗颜，可是观众却完全被她驾驭节目的强大气场和张弛有度的说话艺术给震撼住了。此外，她在节目里常常"语出惊人"，把现场的嘉宾和电视机前的观众都能逗乐。所以，才有这么多的观众对她喜爱到了极致。

　　娱乐圈是个竞争更为激烈的"小社会"，没有绝世容颜也没有高学历的小S能够在台湾地区主持界屹立不倒20年，完全得益于她的高"言值"。

　　有人说，女人拼家世拼背景拼"颜值"，不如去拼"言值"。是的，高"言值"是通往成功大道的一条"捷径"。出色的"言值"，能让你事半功倍；出众的"言值"，能帮你成就大业；出彩的"言值"，能助你改善生活。

有人说，改变"颜值"难，但是改变"言值"容易。是的，"颜值"是由父母的基因决定的，是无法改变的，但是"言值"却可以通过后天的努力训练出来。很多女人都不太懂"颜值"和"言值"到底孰轻孰重，殊不知，即使你往脸上涂抹再多的化妆品，你往身上穿戴再贵再美的华饰，若是你不善言辞或是出口语无伦次、颠三倒四，一样会淹没于人群中。

做人需要智慧，说话需要方法，把每句话都说到别人的心坎里，对于女人而言，绝对是生活幸福的法宝、事业顺遂的利剑。姐妹们，巧言慧语胜过一切如花美貌，请用好我们的高"言值"，成就属于我们女性的完美生活和光辉事业。我相信自己能够做到，也相信大家跟我一样可以做得到。

CONTENTS

目录

第一章

女人的气质和品位，
往往从『口』而出

高"言值"是女人增加个人魅力的法码，

是获得婚姻家庭幸福的法宝。

卓越的口才，

能够提升女人的气质，

有技巧的说话方式，

能够提高女人的品位。

1 往嘴上涂点儿口红，不如往嘴上抹点儿"蜜"

> 赞美别人，能够带给别人"受尊重、被认可"的快感，让别人真真切切地感受到自己存在的"重要性"，送人玫瑰，手留余香，便是人生的一大美事。

记得刚结婚那会儿，有一次我家黄先生要带我去参加一个活动，化了淡妆的我，临出门的时候往嘴上补了点儿口红，黄先生皱着眉头说了句："往嘴上涂点儿口红，还不如往嘴上抹点儿'蜜'。"

说实话，听到黄先生这么说，我心里是十分不悦的。我并不"嘴拙"，也不沉闷，反而非常健谈，但是黄先生还这么"挑剔"，甚至还"嫌弃"我。为什么？因为我吝于"赞美", 用黄先生的话说就是我的嘴巴不够"甜"。

一直以来, 我之所以鲜少往嘴巴上抹"蜜", 是因为我对"赞美他人"有一定的偏见, 我总觉得绝大多数的赞美似乎都跟恭维、溜须拍马是共生共联的, 但其实不然。

赞美他人, 是一种"予人快乐"的美德。人类行为学家约翰·杜威曾经说过:"人类本质里最深远的驱策力就是希望具有重要性, 希望被赞美。"是的, 赞美别人, 能够带给别人"受尊重、被认可"的快感, 让别人真真切切地感受到自己存在的"重要性", 送人玫瑰, 手留余香, 难道这不算是人生的一大美事吗?

所以仔细想想, 黄先生对我的"挑剔"和"嫌弃", 其实是在教我怎么更好地与人相处, 才能赢得与人深交的先机。如此想来, 也就不气了, 虚心接受黄先生的"谆谆教诲"。

在嘴巴上抹点儿"蜜", 把"好"字清清楚楚地说出口, 比如说"你今天气色真好""你这个主意太好了"等赞美之词给人一些简简单单的关注和认可, 传递一份友好, 一份热情, 不但没有谄媚之嫌, 还能拐着弯儿地表明身为赞美者的你的品位和喜好, 让人打心底里接受你, 喜欢你, 指不定哪一天你那张小甜嘴就能给你带来一个难能可贵的好机会呢。

去年我们公司要招聘一个文秘，应聘简历成百上千的涌来，但是领导从一沓又一沓的简历堆里只抽出了10份，让我通知它们的主人前来面试。这批应聘简历我大概都看了一下，论背景、学历和能力，比领导选出的那10位幸运儿强得多的多了，但是领导为什么偏偏选中他们10位呢？后来我仔细研究了一下那10位应聘者的简历，我发现他们写的自荐书都有一个共同点，开篇先简单地"恭维"了一下我们公司，结尾处又再预祝我们公司大展宏图。我想，这应该就是他们能够顺利进入面试环节的"关键点"吧。

不过，写得"天花乱坠"，不如说得"悦耳动听"，笔下功夫再厉害，如果嘴上功夫不到家、不够火候的话，也还是徒劳。

面试当天，身为考官之一的我，跟每一个面试者都有几分钟时间的短暂接触。我印象最深的是一个叫小白的女孩子，她长得并不是特别漂亮，如果她站在人群中不开口说话是绝对不会吸引到我的目光的。但是她一开口，我便记住了她。

那天，我从办公室出来要去会议室进行面试。刚进电梯就看到几张陌生的面孔，其中有个高高瘦瘦的小姑娘看到我进电梯，第一句话就是："姐姐你好！"我回应她一个微笑，她即刻赞美我说："姐姐，你的肤色真好，白里透红，红得透亮。"已三十出头的我被小姑娘叫"姐姐"，已经让我心里有些得意了，而她接下来那句赞美我肤色的话，瞬间把我的心给融化了，用"心花怒放"来形容我当时的心情绝不为过。

我承认，在后来的面试过程中，我认出了小白就是那个在电梯里赞美我的小姑娘，但我还是秉着公平公正的原则，按照她面试的表现如实地给她评分，并未偷偷给她加印象分。不过后来分数出来，她和另外一个叫小静的女孩子面试分数相同，主考官约谈我们几个考官，我明确表示欢迎小白加入我们公司。原因是，其实小静也在我跟小白所搭乘的那趟电梯里，我当时给了她一个友好的微笑算是打招呼，但是她面无表情地看了我一眼，什么也没说。我将在电梯里遇到小白和小静所受到的不同"待遇"跟其他考官同事一说，大家都表示赞同我的举荐。

结果如大家所愿，小白顺利地加入了我们公司。因为她的工作能力强，又加上有张天天都抹了"蜜"的小嘴，所以深受客户喜欢，同事们也很愿意跟她一起搭档工作，领导更是对她器重不已。

相对而言，女人确实较之于男人更易与人沟通合作，更易走进人的心里，更易与人产生心灵上的共鸣。因为女人天生自带柔媚感，精致的妆容加上得体的服饰，如果声音再温柔一点儿，嘴巴再甜一点儿的话，那出众的气质和品位就完全彰显无遗，相信没有谁会不愿意跟这样灵魂都带有香气的女人好好地相处的吧？这就是为什么出色的女人在职场上、商场上、官场上，都能赞美声不绝于耳，因为声声都有其内在的助推力。

对于女人而言，在人生规划上，想要在婚姻家庭里做个贤妻良母，在职场上做个人才精英；在情感投资上，想要有个至死不渝相依相伴的爱人，想要有个真心实意互相扶持的友人。想要有收获，就必然要有付出。女人有资本去付出，且能付出的资本又不仅仅在于外表"颜值"，还要有内涵。但是内涵并不是那么容易让人看出来的，所以女人与他人建立良好沟通桥梁最直接也最简单的方法就是往嘴上抹点儿"蜜"——赞美他人。

赞美是人际交往过程中最美的一种语言，也是人与人友好相处最巧妙的一种方法，它不仅能够愉悦听者，更能让说者收获所想。所以，没事你别总往自己嘴上抹口红了，应该多抹点儿"蜜"，有用的时候就用它来甜死人，没用的时候就自己舔一舔，甜一下自己的心也好。

　　赞美的语言，不在于多，也不在于精，而在于真诚。最真诚的赞美，才是人间最动听的语言，虚伪的赞美，不切实际的赞美，都是"披着羊皮的狼"。

女人是一种很奇特的"生物"，会赞美，也需要赞美，但是并不是所有的赞美她都接受。

前不久参加好朋友纤纤的作品研讨会，那天纤纤穿了一件宽松款的民族风裙子，一来是为了掩饰她产后发福的身材，二来她是想让自己看起来比较有文艺气息。

我跟纤纤约好了一起去研讨会现场，我们刚一到还没来得及坐下，纤纤就被一个刚加入作协的小姑娘拉去一旁聊天。

纤纤后来说，她跟那小姑娘根本就不熟，只不过是在一次作协搞的诗词朗诵会上跟她有过一面之缘罢了。但是小姑娘似乎觉得自己跟纤纤很熟似的，拉着纤纤的手不停地找话题聊，同时还不忘时不时地赞美纤纤一句，说纤纤不仅青春常驻，身材还好，还说纤纤那天穿的那身衣服跟她白皙的皮肤很相衬。

　　"我向来对自己的穿着打扮都十分的自信，但是别人在品评我的衣着品味和长相时，那些恭维或是赞美的话，真亦假，我还是听得出来的。"纤纤说："确实，这小姑娘的嘴巴真的是挺甜的，也懂得赞美他人是拉近自己跟他人距离的有效方式，只不过，她赞美我的话实在是太不真诚了，用词也不恰当。"纤纤刚刚三十出头而已，小姑娘居然用"青春常驻"来形容她保养得宜，别说是纤纤了，我听着也都觉得不舒服，甚至还觉得有些刺耳。或许在小姑娘看来，进入微胖界的纤纤身材也还算不错吧，但是纤纤本人还是比较喜欢之前纤瘦的自己，所以当小姑娘说她"身材好"时，她心里还是有些许不高兴的。"不过这点我并不是太在意，仁者见仁，智者见智嘛。可她后面居然说我皮肤白皙，这可真是戳中了我的泪点。"纤纤对此十分不悦，怎么听都觉得假惺惺的。纤纤天生皮肤黝黑，即使用了提亮色号的增白粉饼也还是改变不了这个事实，这是他们家族遗传的。那小姑娘真是擦错皮鞋拍错马屁了……

赞美的语言，不在于多，也不在于精，而在于真诚。最真诚的赞美，才是人世间最动听的语言，虚伪的赞美，不切实际的赞美，都是"披着羊皮的狼"。

同事小张，是总公司企业内刊杂志的编辑，经常会接到分公司作者询问稿件采用情况的电话，因为大家都是系统内的同事，对于一些来稿却不被采用的作者，小张都是很委婉地告知，情商较高的作者一听即懂，然后会请小张指点一下写稿的方向和思路，再向小张打听一下杂志选稿、用稿的标准，对于这样的作者，小张是很乐意指点一下"迷津"的。但是有些作者，或许真的是情商比较低吧，听不太懂小张的"委婉告知"，一直追着她问到底是哪一期能上，待小张明确表示贵作者所投的稿件实在不符合本杂志的用稿要求时，对方便会搬出某某领导来向小张施压，但这依然改变不了稿件不被采用的结果。

小张说："女人是不怕吓的，而是需要'哄'的。"但是她不知道过度的"哄"和不恰当的"赞美"，对女人而言是一种不可靠近的"糖衣炮弹"。

常常有些高情商的作者打电话来，他们不会直接问小张稿件的情况，而是先一口一个"主任"地叫小张，给她戴高帽，然后再跟她套近乎，赞美她一番，说她不仅人长得漂亮，还心地善良，专业能力强，不仅选稿选得好，编稿编得也好，而且写的稿子也十分有吸引力，他们分公司上至领导下至普通同事都非常喜欢看我们的杂志。接着又问小张什么时候有时间，请她到他们分公司去讲一下课，讲讲各类稿件的写法和我们杂志选用稿件的标准，等等。小张当然是客气地说如果总公司安排的话一定去。然后他们觉得跟小张似乎已经很熟络了，于是这才进入主题，说自己花了很多心思和精力写的某一篇稿子，希望能在小张的指点下进行修改从而达到采用的要求。遇到这种情况，小张根本无法一口回绝对方，但是职责所在，又不能出于私心或是个人情感偏向选用对方的稿件，所以左右为难的她向我发出了求助的信号。

小张真的是太年轻了，那些作者给她灌碗迷汤，叫她一声"主任"，赞美她几句，她就飘飘然，没了方向，没了主见。我问小张："那些来电话的作者，目的是什么？"小张说："上稿！"那就是了。为了达到上稿的目的，人家自然要捧一捧你，吹一吹你，待你被他们的"花言巧语"给哄得心麻酥软了，人家反问你一句"烦请您提下修改意见，按照您提出的修改意见修改一下应该能在下期刊登吧？"你要怎么答？拒绝？你开得了口吗？刚才你可是跟人家聊得热火朝天呢，被人家赞美得"天上有地上无"的。但是不拒绝，应承下来了，你又做得到吗？我们杂志可是要一层一层逐级审核的，选题不好，质量不过关，任何人都开不了"绿色通道"。所以我对小张说："如果换作是我，在别人一开始对我进行'美言美语'轰炸的时候我就果断地找借口挂电话。"小张问我为什么？我说："你难道听不出来对方所谓的赞美之词都是违心的吗？他们中有多少个见过你真人？人都没见过，怎么知道你漂亮与否？又有多少个真正看过你编辑的稿件和你写过的东西？至于叫还未真正当上主任的你为"主任"，是恭维你，也是在害你，因为要是给我们真正的主任听到了，这可不是闹着玩的，后果如何，实在是难以想象。但是如果作者称呼你为"编辑老师"的话，那才是真正的敬重你，你也才能够受得起。"话说到这里，小张才明白，虚伪的赞美之语，并不是发自内心的真诚赞美，听听也就罢了，绝不能当真，更不能被迷惑。

因为赞美的语言，常常用华丽的辞藻来包装，所以外表看起来似乎很华美，听起来似乎也很舒服，但是美丽的外衣下，如果裹着的是一个虚伪的灵魂，那么也还是不会受人待见的。

所以，那些为了达到某个目的，打着"赞美"的幌子虚伪地对你进行恭维的人，笑而远之，绝不轻信。

要知道，赞美之语，并不是多多益善，而是真真益善。

> 温文尔雅的谈吐，是气质女人最美丽的体现，它自带出尘脱俗的亮丽，有着不过不失的优雅，有着不温不火的淡定，还有着恰到好处的沁人心脾。

女人的谈吐，犹如一张随身携带的名片，将自己的气质和修养展露无遗。而温文尔雅的谈吐，是气质女人最美丽的体现，它自带出尘脱俗的亮丽，有着不过不失的优雅，有着不温不火的淡定，还有着恰到好处的沁人心脾。而咄咄逼人出言不逊的态度，只会将你内心的烦躁或是不安表露出来，只会让别人看到你阴暗或是消极的一面，一颗没有阳光滋润的心灵，是腐朽的心灵，是绝对不会受人喜欢或是待见的。

前几天早上去政务服务中心申办新护照，虽然去得还不算太晚，但是办证大厅里已人山人海，办护照和港澳通行证的窗口号数已排到了100号以外。本来想改日再来的，可是听办证大厅的保安同志说，每天人都这么多。既然如此，那就安心地坐下来耐心等待吧。

坐在我旁边的大姐，她也是来申办新护照的，四十岁左右，看起来保养得还挺好的。她化了个淡妆，再加上又穿了一身十分合体且价格又不菲的套裙，整个人看起来特别的漂亮和精神。说实话，她给了我一个良好的第一印象，当时我还在心里想着，她会不会出身书香世家。但是，接下来发生的事情，使我对她产生了极度的厌恶感，先前对她的好感完全消失得无影无踪。

事情是这样的：这位大姐手上拿着的是98号，排在她前面的97号，工作人员连叫了两遍也不见人出现，大姐就急匆匆地跑到柜台前要办理业务，但是工作人员让她稍等一下，再叫一遍看看97号的办理人员是不是能够及时出现办理业务。可是大姐却不依，认为已经叫了两遍人还不出现就直接过号办理下一位。工作人员向她解释，规定连叫三遍若无人前来办理，才能过号叫下一个号。大姐硬是不肯，使劲儿地往窗台里塞她的资料。一边塞还一边说什么规矩是死的，人是活的，要灵活处理之类的话。工作人员实在是为难，如果接她的材料，又怕97号的顾客突然出现，如果不接，大姐又实在是难缠得很。不过工作人员犹豫了一下还是按下了叫号键："请97号到3号柜台办理公积金业务"的声音传遍整个办证大厅。工作人员将大姐的资料接了过去，但是放在一旁，抱歉地对大姐说："麻烦您再稍等一下，谢谢合作！"

此时，大姐的脸黑沉沉的，她怒视着工作人员低吼道："你这小姑娘怎么这么上纲上线呢，先办我的怎么了？那家伙在哪儿都不知道呢还非要等他，怎么回事嘛，小心我找你们领导投诉你。"工作人员真是冤啊，刚想解释什么，就听到有个声音从远处传来："97号在这里。"

循声而望，一位四十多岁的中年妇女抱着一个一两岁的孩子向3号柜台跑来，脸上的汗水大颗大颗地往下流，看得出来，她很着急，也很紧张，因为过号了就要重新排队，不知道又要等多少个小时呢。

"对不起，对不起，刚才带孙女上厕所去了，一出来才听到叫到我的号，实在是抱歉，让大家久等了。"中年妇女好不容易跑到柜台前，一边向工作人员和站在一旁等着办业务的大姐道歉，一边将材料递给工作人员办理。

大姐明显是气急了，从鼻子里哼哼了几声之后便指着中年妇女破口大骂起来："XXX，哪里来的糟女人，最后几秒钟才出现，你以为你是谁啊，让大家都在这儿干等你……"

听着大姐用粗俗不堪的语言责骂自己，中年妇女一脸的忧伤和无奈，怀里的孩子听着听着就哇哇大哭起来，旁边的保安同志看不下去了，上前劝大姐别再骂人了，大家都是来办理业务的，谦让一下，包容一下就算了。可是大姐就是咽不下心中那口莫名的"气"，越骂越起劲了，中年妇女只能委屈地听着责骂声哄着孩子，而让她更崩溃的是，她准备的材料不够齐全，没能顺利办完业务。当工作人员把中年妇女的材料退回来时，大姐骂得更凶了，说中年妇女材料准备得不够充分还敢来办业务，那是耽误大家的时间，是一种无耻的行为。中年妇女怀里的小孙女明显感觉到了大姐对自己奶奶的不友好，她用力挣脱奶奶的手，跳下来，扑上去就对大姐一顿狂打乱抓乱咬，疼得大姐一边用脚踢小女孩一边叫嚷着要报警。

中年妇女急忙去把自己的孙女拉回来。这时，一个年轻女子穿过人群疾步走过来，她先是微微俯身把小孩子抱起来，再摸摸小孩子的头以示安慰，然后轻轻地瞅了大姐一眼，对中年妇女说："妈，不要跟那些没有素质的人一般见识，那些说话做事咄咄逼人的人，只会让人觉得恶心和讨厌。"接着又对怀里的小女孩说："女孩子可不能那么粗鲁，更不能以暴制暴，我们长大了可是要做个美丽优雅的女孩子哦。"说完，年轻女子微笑着对工作人员说："很抱歉，因为我们的材料准备不齐，麻烦到您了，待会儿我们补齐材料了再来找您办理，您看行吗？"这样礼貌的问询，工作人员会拒绝吗？

我很欣赏这个突然出现的年轻女子，虽然她长得并不算漂亮，衣着打扮也很普通，并没有昂贵的服饰相衬，但是她一开口便让我打心底里喜欢她，她说的每一句话都那么沁入人心，将她的气质、涵养和品味悄无声息地散发出来。而那位大姐，虽然穿着打扮不俗，但是一开口便俗到了家，态度恶劣出言不逊也就罢了，还脏话连篇，试问，这样的人，能讨人喜欢吗？

有人说，女人是水做的。为什么这么说呢？我是这么理解的。水，它冰冰凉凉，轻轻柔柔的，捧在手心里的感觉，清凉又舒爽。温文尔雅的女人，说话做事优雅淡定，有气势但绝不暴躁，有气质但绝不轻视，男人身边若是有个这样的女人，一定会有捧在手心里的水那般舒心透凉的感觉。你若想要有个懂你爱你疼你的男人相伴余生，那么你就不要像前文中那位大姐那样……

　　即便不是为了身边所爱的男人，为了你的事业、你的社会地位、你的人际关系、你的情感依托，你也要努力让自己拥有温文尔雅的谈吐，将自己修炼成"优雅女人"只要你"言值"够高，够自信，你的气质和涵养绝对能够让你鹤立鸡群，使人由衷的喜欢你，并为你折服。

> 一直活在谎言的世界里，谁还会对你付出真心？当你真有困难时谁还会义无反顾地帮助你？待人多一份真情，说话多一份真心，做事多一份真意，在人生的大舞台上，你才不会悲惨谢幕或是孤单落幕。

虽然我们生活在花花绿绿、纸醉灯谜的世界里，但是还是有很多的真善美，有很多愿意真心相待的亲人和朋友相伴我们左右。然而，有一些人，却利用我们的善良，我们的真心，我们的诚意，对我们进行欺骗。

我有个远房的姑母，听说家境不太好。去年的某一天，她女儿，也就是我的表妹来我们家玩，聊着聊着竟然哭红了鼻子。一个二十来岁的大姑娘，在我们全家老老小小面前哭成了泪人儿，谁看了都觉得辛酸。她哽咽着说，家里实在是太穷了，一亩三分地老是没收成，就靠她和姐姐在外打工一个月每人一千多元的工资寄回家里养父母以及还在读书的弟弟妹妹。在农村像她们这种情况的家庭实在是太多了，上上下下有那么多口人要养活。姑母家生活这样艰难，身为亲戚的我们，能帮就帮一点儿吧。于是，我给了表妹几千元钱，让她寄回家给姑母做生活费。

本来我没把这事太放在心上的，没觉得帮了姑母想要得到什么样的回报，或是期待着有一天表妹赚了大钱能够把这些钱还给我。然而，事情并未就此结束。没过几天，表妹又敲开了我们家的门，这次没聊几句就又红了眼。问她怎么了，她说我姑母给她打电话说家里的房子雨天漏水严重，想维修一下，要一两万元呢，她跟姐姐根本没法凑到这笔钱，想向我借。我心疼姑母一家老小，当即就借给了表妹两万元，让她转交给姑母，怎么着也不能眼睁睁地看着姑母住在漏水的屋子里不管吧。

我家黄先生知道我借给了表妹两万元钱之后，教训我说："你怎么不先找你姑母问问情况就贸然地借给你表妹那么多钱，万一她是骗你的，她拿了钱作他用怎么办？"我说："我选择相信我表妹。"黄先生对此表示很无奈，他最后警告我，下次，如果还有下次的话，让我学聪明一点儿，先跟姑母联系，看看姑母家里到底是个什么样的情况，再决定帮不帮和怎么帮。

黄先生说的话不无道理，我知道他并不是心疼钱，而是怕我受亲人蒙蔽和欺骗，所以就听他所言，若下次要是表妹再来哭诉要钱的话，我必会多留个心眼。

俗话说得好，得一想二，有了第一次就会有第二次第三次。果然，时隔不久，表妹又一次登门拜访了。这一次，我做足了心理防备，不停地告诉自己，任她怎么哭怎么叫惨，都要坚守底线，绝不轻易答应给她钱。

不过，让我意外的是，表妹这次来居然是还钱的。她说她最近做了点儿小投资赚了点儿钱，所以就过来先还我几千元，等下次赚了钱再还剩下的，另外，她还说了很多感谢我的话。这让我感觉有些内疚，之前我还听信黄先生的"谗言"有些怀疑表妹呢。

待表妹走后，我狠狠地教育黄先生，说他太不信任人了。黄先生笑笑说："走着瞧。"当时我并不太明白他那"走着瞧"三个字到底是什么意思，直到表妹第四次来家里作客我才知道了，她那一招叫作"欲擒故纵"。

那天，表妹心事重重地来我们家，我问她怎么了，她说她的母亲也就是我的姑母住院了，在腿上发现了一个肿瘤，不知道是不是恶性的，要立刻手术切除做病理检查，她忧心不已，一来因为手术有风险，二来家里实在拿不出好几万元来给我姑母做手术。救命啊，这可不是开玩笑的，花多少钱都得救，没钱借钱也要救，我抱着这样的心态，当即表示姑母的医药费，我可以先垫付。表妹见我表态支持，喜上眉梢。然后我表示，一下子要拿几万元钱出来，还是需要点儿时间的。于是我让表妹留下银行账号后先去医院照顾姑母，我会尽快给她转钱的。可是表妹不肯走，说当天若拿不到钱去交医药费的话，姑母的手术就没法尽快安排。我理解表妹救母心切，也知道她是担心她走了之后我会反悔，但是人命关天，我能见死不救吗？何况我给予了她充分的信任，她却在紧急关头表现出了对我的不信任，对此我真的表示很难受。

正当我不知道该如何说服表妹先回去等我转账信息时，黄先生回来了，我简单地跟他说了一下表妹的难处，黄先生同意我的做法，明确表示支持我帮忙垫付姑母医药费的决定。不过，他要求表妹带我们去医院看看姑母。表妹听到黄先生说要去看姑母，脸色突变，急忙找了个借口离开了。

待表妹离开后，我即刻联系家里的亲戚要了姑母的电话，亲自打电话向姑母了解情况，看看表妹所言是否属实。结果正如黄先生所料，姑母的家境是不太好，但是勉勉强强还养得起读书的几个小娃儿，家里住的房子虽然只是平房一间，但是起码结实不漏水，姑母姑父的身体也都很好。至于表妹，姑母说她很久没有回过家了，也没给家里寄过什么钱，他们并不知道她在外工作生活的情况。如此看来，表妹一次又一次来我家哭穷要钱的理由，都是骗人的。

真真假假，假假真真的事情，在这个世界上实在是太多太多了，多得令人迷茫，令人心碎。不过绝大多数人还是一心为善，很多时候，也还是会选择相信。可一旦你所相信的"谎言"被揭穿，后果将是多么不堪啊。

我担心姑母知道了表妹骗我钱的事后会难过，所以没告诉她。可后来姑母还是知道了这事，从此以后不再跟我们家联系，即使偶然遇到了我的家人，她也总是低着头走过不打招呼。据家里的其他亲戚说，姑母是无颜面对我和我的家人。至于表妹，她不仅骗了我的钱，也用同样的理由骗了好几个亲戚，所以之后她再联系家里的其他任何亲戚，大家都不再搭理她。每次家庭聚会，大家聊起她，都是一脸的鄙夷，一脸的不屑。表妹对家里人如此，对外面的人是不是也是有如此多的谎言呢？若是的话，她这辈子还能有互相扶持的亲人和真心相待的朋友吗？答案是否定的。

女人天生自带娇弱感，眼泪更是女人的有力武器。发发嗲，撒撒娇，再梨花带雨，别说是男人，就算是女人，如我这般，也会受不了这攻势。这便大大增加了女人成为"谎言"制造者的概率。

不要以为女人有着"扯谎"的先天条件就可以任意妄为，一个谎言，需要另一个谎言来掩盖。满口谎言，只会让人讨厌你，甚至鄙视你。一直活在谎言的世界里，谁还会对你付出真心？当你真有困难时，谁还会义无反顾地帮助你？

待人多一分真情，说话多一分真心，做事多一分真意，在人生的大舞台上，你才不会悲惨谢幕或是孤单落幕。

女人，可以没有男人的豪气，也可以没有男人的霸气，但必须要懂寒暄，会寒暄，能寒暄。这样，即使娇柔的你，也能够在人群中散发出独特的个人光辉。

昨天闺蜜过生日，请我去她家里坐坐。本来以为她邀请的都是我们相熟的朋友，到了她家才发现，她还邀请了一个现任同事和一个旧时同事。由于我去得有些早，其他相熟的朋友还在路上，闺蜜又一直在厨房里忙活，无暇介绍我们三个互相认识，我们仨就坐在沙发上找话题聊。

我们先是聊这几天闷热的天气，然后又聊了一下跟东道主在一起的一些小趣事，最后在聊各自的职业时发现，大家居然都曾经是同行。这下就有了共同语言，大家都打开心扉畅所欲言起来，待闺蜜忙完从厨房出来，发现我们像是认识了多年的老朋友似的聊得欢乐得很。

我这个闺蜜向来性格有些内向，所以她好奇地问我是怎么跟她的那两个同事聊嗨起来的，又是如何跟初次见面的人进行友好交谈的。我说，其实很简单，就问寒问暖，谈谈天气，就可以打开话匣子了，这是最简单也是最实用的交流方法，用两个字来概括，那就是"寒暄"。

初次见面，绝大多数情况下，彼此是不甚了解的，那么在不太了解别人的情况下用恭维和赞美的语言来拉近彼此的距离，似乎有些难，而且尺度和方向也不太好把握，那么最好的办法就是"寒暄"。

寒暄有两层意思，一层是问候，另一层是应酬。不管熟不熟，是不是初识，见面都免不了问候一下，这是礼貌的表现，所以不管在什么情况下，跟人见面，打声招呼，寒暄几句，是绝佳的交流方式。至于寒暄中隐藏的另一层意思"应酬"，我们可以这么理解，对于初次见面的人，我们不知道跟对方是否能够谈得来，不知道对方是否值得我们深交，我们只好把这次会面当成是一般的"应酬"，用应酬的礼仪来相待，是绝对不会出错的。当然，在交流的过程中，如若发现对方是值得信赖的人，值得深交的朋友，便可拿出十二分的真心来相待。如若发现对方与己道不同不相为谋的话，要么尽快找个机会中止与对方的交流，要么就将这场应酬进行到底，反正只是个应酬而已，不需要放太多的真心真意在里面。

"寒暄"之于女人而言，有时只是轻轻的一句，便会带出女性的光辉，聪明的女人，应该学会善用"寒暄"。

我的大学同学李莎，毕业的时候做了选调生，被分到一个很穷很偏僻的乡镇去任职。当时我们班绝大部分同学都留在市里工作，就她跑到那么偏远的山旮旯儿去，所以大家都替她感到忧心，在那么个鸟不拉屎的地方工作生活，找对象难，升职难，指不定她这辈子就要在大山里度过了。可谁知，李莎才去了不到一年，就被调到乡里了，不用面朝大山背朝黄土的哀叹了。之后，她一年传来一个好消息，硬是从最底层的公务员升迁到了县里，做了县长秘书。

一次我们公司搞调研采风活动，我正好去了李莎所在的那个县，当晚她邀我去她家里小坐。期间，我问起她这些年是怎么一步一个脚印地走到县里来的，她笑笑说，像她这样不能喝不会玩的女人，要想离开那个穷乡僻壤，必然要另辟蹊径。至于她辟的是什么途径，我就不得而知了。

确实，女人不同于男人，可以在球场上、酒场上识"英雄"遇"伯乐"。那么，李莎究竟是怎样逃离那个小山村的呢？直到她成功调到市政府任职时，她才悄悄地告诉了我答案。

好友高升，自然要相约庆祝一番。那日，李莎第一天来市政府报到，晚上便请我们同在一个城市工作的，玩得比较好的几个大学同学聚一聚，贺一贺。极度兴奋的李莎破天荒地喝了一点儿小酒，百感交集的她，回忆起这些年自己辛辛苦苦一步一步往上爬的情景，发出了长长的感叹。真的是太不容易了。一个长相平凡、家境平凡的女孩子，通过自己的努力升到副处长的位置，实在是太不容易了。

据李莎说，她初到那个山沟沟的时候，真是万念俱灰，不知道自己是不是就要这样老死在那里。家里人也很担心她，怕她这辈子就待在那个山沟沟里了，那这辈子就真的是没什么指望的了，就真的白读那么多年书了。不过，她运气挺好的，有次镇上来了个县里派来的调研小分队，李莎跟镇长一起接待了这个小分队，队长是一位四十岁左右的女干部。

当晚，跟这位女干部共进晚餐时，李莎不知道说什么，所以索性一句话也不说，默默地坐在一旁听大家聊天便是。然而，这位女干部却时不时地找她聊几句家常，她起初感到有些别扭，觉得跟一个陌生人扯家常，似乎有些不妥。不过好在女干部比较善解人意，她看出了李莎的拘谨，趁着李莎带她上洗手间的这个时间，问她是不是不满意自己的现状，不太喜欢这里的工作环境，也不太擅长与人交流，李莎听女干部这么一说，脸红了一大片，即使没吭声答"是"，想必这位女干部也已知道了答案。

女干部笑了笑说，机会是靠自己争取的，有时一句简单的寒暄，便能让对方记住你，若是将来有什么好事，便会第一时间想到你。李莎牢牢地记住了女干部的这句话。

之后只要有接待工作，不管来者的官位是大还是小，她都会跟对方寒暄几句，不求能够与对方深交，只求能够混个脸熟。就这样李莎接待了一批又一批前来调研考查的人，大家对她的印象都非常好，所以上级部门一旦有职位空缺，就会有人推荐她。你推荐我推荐，一层层，一级级，李莎就这样慢慢地从乡镇到了县里，再从县里到了市里。如今，李莎依然保持着"寒暄"这个良好习惯，指不定哪天靠"寒暄"就再上一个台阶了呢。

寒暄，不需要口才多么了得，不需要多高的聊天技巧，只需要你大胆地发声，不管是聊天气也好，扯家常也罢，只要不怯场不冷场，能让对方开口跟你说话就行。

　　女人，可以没有男人的豪气，也可以没有男人的霸气，但必须要懂寒暄，会寒暄，能寒暄。这样，即使娇柔的你，也能够在人群中散发出独特的个人光辉。

> 女人美妙的声音和生动的表情，是积聚爱的表现，是传递爱
> 的导体。对男人而言，女人有感情的声音和表情，是一把利剑，
> 能够直插入男人的心房，令男人的五脏俱醉。

之前我一直都想不明白，为什么台湾地区女星林志玲那么受男人欢迎，为什么有那么多的男人视她为"女神"？后来看了一段采访她的视频，内容是什么我记不太清楚了，只记得她说话的声音很嗲，表情很丰富，我想，即使她没有如花似玉的容颜，光听她说话，男人们就已经醉了。

女人美妙的声音和生动的表情，是积聚爱的表现，是传递爱的导体。生活中，没有哪个男人会不想拥有有感情的声音和

表情并且还懂爱的女人的。

　　大学时，同宿舍的小薇和晓兰是好朋友，小薇长得稍微有些平凡，但是性格很好，跟谁都能很好地相处，晓兰则是我们班的"班花"，不过脾气不太好，任性得很。班上分为两派，一派喜欢小薇，一派喜欢晓兰，但小薇和晓兰却同时喜欢上了我们班那个最帅的男生小斌。小斌跟小薇从小一起长大，感情很好，不过他似乎对晓兰也很好，据说他默默地喜欢着晓兰，不过这消息是不是真的，我们就不得而知了。我们只知道，他们常常三人行，一起上自习，一起去食堂吃饭，甚至还一起去旅行。反正，小斌大学四年都没做出选择，跟两个女生都玩得很好，但是我们还是隐隐约约感觉得到，小斌对晓兰是更用心一些的。临近毕业的时候，男生宿舍传来消息，小斌终于要做出最后的选择了，他心中已经有标准答案了。我们都很好奇，到底小斌最终会选择跟谁牵手走余下的路呢？会是我们一直所认为的晓兰吗？

　　毕业大餐那晚，晓兰没有出现，有消息称她心情不好提前收拾了行李离校了，而小斌则牵着小薇的手一同出现。这让我们有些愕然。后来小薇跟我说，其实一直以来，小斌心里是喜欢晓兰的，但是最终小斌还是选择了她，因为她一直以来对小斌温柔以待照顾有加，而晓兰比较任性，脾气也不太好，常常对小斌大呼小叫地耍脾气，小斌经常因此心情郁闷，小薇就适时地去开解他、鼓励他，久而久之，小斌的心就明显倾向于她了。而小斌酒后吐真言也说，他是喜欢晓兰多一些的，但是那又怎么样呢？跟晓兰在一起太累太辛苦，稍有不慎就会惹她发火，然后要哄要送礼物，但是跟小薇在一起，小薇总是为他着想，说的每一句话都有穿透力，让他倍感鼓舞，小薇的微笑也总是能带给他温暖，他需要的枕边人应该就是小薇这样的。

是的，对男人而言，女人有感情的声音和表情是最具有"杀伤力"的。反之，女人若总是面无表情地说着冷冰冰的话，给人的感觉就是"离我远点儿"，对于这样的女人，男人避之不及，又怎么可能与你朝夕相处、相伴余生呢？

前段时间表妹姗姗找我哭诉，原因是交往了两年的男朋友要跟她分手。她自然是不同意了，可她男朋友明确表示已经不再爱她了，人家已经爱上了别的女人。无奈的她，只好流着泪选择放手。

姗姗从小就是美人胚子，读书的时候总是稳占"校花"的位置，不知道身边有多少男生曾经为她倾倒呢。工作之后，姗姗选择了一个其貌不扬但是家境还算不错的老实巴交的男生做男朋友，姗姗说，她是真的爱他，也铁定了心要跟他走进婚姻殿堂的，然而，人家却不懂珍惜她，竟然背着她跟别的女生交往。长得漂亮有什么用，连一个自己爱的男人都留不住，姗姗对此极为不甘。她曾偷偷地跟踪她的前男友，想看看他的新欢是什么样的，是不是比她更漂亮。结果令她大跌眼镜，她前男友的新女朋友长相很普通，没有半点儿让人惊艳的感觉，她能胜出她好几等。

姗姗问我这是什么世道？为什么她前男友宁愿选择一个长相普通的也不选貌美如花的她？我没有直接回答姗姗的问题，而是反问她，你跟他还没分手之前有聊过你们之间存在着什么问题吗？姗姗想了想说，他嫌我脾气不好，嫌我说话没表情冷冰冰的，还嫌我不会哄他不懂得迁就他，每次吵架总是要他先低头认错，哪怕是我的错我也要他先来哄我，他希望我能够为他改变一下，但是我坚决不。我从小到大都是被人捧在手心里疼的哄的，追求我的男孩子哪个不是甘愿为我付出所有，我凭什么要为他一个人而改变自我呢？

说白了，姗姗的前男友应该是嫌她不够温柔，太大小姐脾气了。如果只是跟像姗姗这样的女生谈谈情说说爱还可以，但是要一个男人哄着供着一个女人一辈子，确实是有些为难了。

哪个男人不喜欢自己被爱人温柔以待？天下间有多少个男人会愿意娶一个要像公主一样精心侍候的女人回家呢？两个人在一起，你哄哄我，我哄哄你，那叫生活情趣。但如果要一个人永远地去迁就对方，一直去哄对方，长此以往，谁都会累，谁都会想逃的。

前两天我跟姗姗逛街的时候，竟然遇到了姗姗的前男友牵着新女友的手在逛街。姗姗看到他俩就气不打一处来，非拉着我跟她一起上前去跟前男友打招呼，说是要气气他的新女友。姗姗一上去就直接硬邦邦地对她前男友说，赶紧找个时间到她家里把他的东西全部拿走，她可不想家里留些没用的东西。她前男友好声好气的请她把东西放一旁，他过几天就去拿走，可是姗姗却呛他说有时间跟新欢逛街没时间跟旧爱划清界限啊。她前男友明显是不想再跟她纠缠了，拉着新女友的手就要走，但姗姗怎么肯就此放他们走呢，她疾步上前拦住了他俩的去路，然后不依不饶地质问他，为什么会选择一个长得如此不受人待见的人做女朋友。对姗姗而言，这是对她极大的侮辱。若是她前男友找个比她漂亮的，她会输得心服口服，结果却不然。

她前男友显然是被姗姗说的那句"不受人待见"的话给气

着了，冲她低吼道："她性格比你温柔，声音比你好听，表情比你丰富，又比你体贴，她简直就比你好上几百倍几千倍。"话都说到这份上了，姗姗还能说什么？她又有什么好说的呢？只有转身离开，再也不见。

我一直在观察姗姗前男友的那位新女朋友，她从姗姗出现到姗姗离去，脸上一直都挂着浅浅的微笑，不管那笑容里是否夹杂着愤恨和不安，但起码，她的表情带给人的感觉是，她比较大度，就这一点，姗姗真是比不上她。这也难怪，姗姗的前男友，会弃姗姗而选择她。

所以，女人千万不要以为自己长得漂亮，长得出众，就可以被众星捧月那般得宠，就可以任意妄为。要知道，容颜易老，有感情的声音和表情，能胜过一切如花美貌。

用"气质""内涵"和"智慧"来形容一个女人，说明这个女人未必长得很漂亮，但是经过一番精心打扮，再配上有深度、有涵养的语言，那绝对是美出了新高度，令人无比惊艳。

虽然女人都喜欢别人称赞自己天生丽质，但是天生丽质的背后，还是需要一点儿后天的修饰的。我想，绝大多数女人都会跟我一样，每天至少会花上一丁点儿时间来装扮自己，哪怕只是选一套漂亮的衣服穿上身，或是给自己配一双与当天所穿的衣服相称的鞋子。如果有重要活动或是约会的话，必定会化个精致的妆再出门。

女人爱打扮，无可厚非，毕竟，人与人接触，人家首先看到的是你的"颜值"和装扮，给人一个良好的第一印象，是尊重别人的一种表现，也是一种散发自信的方法。但是过度打扮，花太多的时间在装扮上的话，往往容易忽略了自身内涵的提升，那样的话，就得不偿失了。

邻居小妹笑笑，素颜的她给人一种清新淡雅的感觉，如果再稍加打扮一番，化个淡妆的话，那就更加清丽可人了。这两年，笑笑已到了适婚年龄，但是她一直都没有对象，家里人着急，让我这个知心大姐姐去问问她是没人追呢还是看不上追她的男生。笑笑说，她这两年给自己投资了不少，买了很多昂贵美丽的衣服，又去学了化妆，为了让自己的脸蛋变得更引人注目，她甚至还去割了双眼皮。她常常打扮得漂漂亮亮的去参加一些同学朋友的聚会，期间遇到过几个对自己第一感觉良好的男生，可是加了微信聊了几次，人家就不理她了。我很好奇，笑笑都跟那些男生聊什么，居然聊到人家不愿再联系她了。笑笑把聊天记录给我看了一下，看罢我用三个字来形容：无内涵。笑笑不是跟人家聊吃的喝的玩的，就是聊同学朋友明星的八卦，你让人家一个大男人怎么接你的话嘛，要知道八卦男可是稀有动物，而绝大多数男人都是八卦绝缘体。可以跟男人们聊些有实质性的东西，比如彼此的工作，互相鼓励一下，也可以聊一下梦想和追求，再比如人生目标、人生规划和个人追求，等等。当然，还可以跟他们聊一些有指向性的东西，比如对家庭的看法，对两个人相处模式的探讨，等等。这些话题聊着聊着，就可以增进彼此间的认识和了解，促进两人的关系进一步发展。如果遇到的是博学一些的男人，要想跟他们有共同话题，还得再下点功夫，起码天文地理都要知晓一点儿，不然人家说了十句八句你一句也接不上的话，那就真是太尴尬了，别说做情侣做夫妻了，就连普通朋友估计都做不成。

在追偶择偶这条道路上，笑笑跟很多女生一样，都走进了一个误区，那就是以为把自己打扮靓丽了，就能够把自己的真命天子吸引过来。殊不知，男人第一眼虽然看的是"颜值"，但是第二眼他们会用心去感受你的智慧和你的内在素养。一个成功的男人背后，必然会有一个全力支持他的女人，这个女人绝对不会是一个只顾外表而不顾内涵的人，而应该是一个"贤内助"，一个进得了厨房又出得了厅堂的女人。简单来说，就是又漂亮又能干，且有智慧有涵养的。所以，女人不仅要花时间装扮自己的外表，更要花时间来增加自己的内涵，让自己变得有头脑有智慧。

不知道大家有没有注意到，但凡事业成功的女性，一站出来，给人的感觉就是不一样，她们一开口说话，更是令人钦佩不已，原因何在？一句话：有气质、有内涵、有智慧。用"气质""内涵"和"智慧"来形容一个女人，说明这个女人未必长得很漂亮，但是经过一番精心打扮，再配上有深度、有涵养的语言，那绝对是美出了新高度，令人无比惊艳。

很早就听说广西有个全国闻名的较为年轻的儿童文学作家英子，她写的儿童小说，很有乡土气息和民族文化特色。我因此特意去找了她写的小说来拜读，确实被她的灵气给打动了，在她虚幻的儿童小说世界里，我找到了久违了的童心和童趣，真是打从心底里喜欢她的文字，喜欢她写的故事。在文学圈，但凡年轻女作家总会被冠以"美女作家"的称号。所以在我还没机会见到她真人时，我一直在想，她会不会是一个"美女作家"呢？

由于工作调动，我来到了广西省会南宁工作，加入了南宁市作协，跟英子同属一个作家协会，自然就有机会见面了。在一次会员大会上，我总算是见到了声名在外的英子。虽然她五官算不上精致，又不施粉黛，但是她的穿着还是比较时尚的，她走的是休闲风，经典的白T恤浅蓝色牛仔裤乐福鞋，配上齐耳的短发，整个人显得十分精神，很有青春气息，看起来顶多二十来岁，完全不像三十几岁的人。尽管如此，还是不能用"美女作家"来形容她，因为个人认为"美女"只停留在美丽的脸蛋上，并不能够将她高深的内涵体现出来。

如果没有读过她写的小说，不知道她文字功夫到底有多深的人，听了她当时在会上所做的关于文学创作和个人童年经历之间的联动关系的发言后，必然会钦佩于她深厚的少数民族文化底蕴和素养。很多文友听罢她的那段发言，都由衷地对她表示出敬佩之情。

我记得那个时候，她的孩子还小，似乎未满周岁，她跟许许多多的妈妈一样，全心全意地爱着孩子，照顾着孩子，但是她并未因为孩子的降临而让自己不修边幅地过日子，耽误自己的写作计划，错过提升自我能力的黄金时期，而是每天简简单单地整理一下自己之后便一边忙着带孩子一边奋笔疾书，这才练就了不是一般深厚而是非同一般深厚的文字内功，书一本接着一本地出，高产又高质量，而自己的容颜又不至于败给时间和年轮。

之后跟英子也经常一起聊天，不管是闲话家常，聊情感、聊婚姻，还是探讨各种知识文化、民族风情，她都能侃侃而谈，不仅有深度还有广度，我想，我必须得用"智慧女人"四个字来形容她。

　　最后，不管俗不俗，也还是要说一句，每个女人也都还是会希望自己能够永远年轻漂亮，能够一直保持较高的"颜值"，这没有什么不好，也没什么不对，只不过，切不可花太多的时间在提升自我的"颜值"上，而应该把更多的时间花在加强自我内在素养的培养上，因为美丽女人，比比皆是，但是智慧女人，实在是万里挑一。

第二章

"颜值"能让男人停下，

『言值』能让男人留下

"颜值"高的女人，
只能够让男人的眼睛停下来，
仅仅是多瞅几眼而已。
但是"言值"高的女人，
却能够让男人心甘情愿地留下来，
守护一生又一世。

1　嘴上功夫，决定女人的一生情感归属

嘴上功夫，决定女人一生的情感归属。女人务必要练就一身好的嘴上功夫，为自己的幸福生活打下坚实的基础，给自己的家庭和谐买一份"保险"。

决定女人一生情感归属的究竟是什么呢？也许有人会说，是一个"爱"字。不可否认，有爱乃大，爱可以包容一切，爱可以战胜一切，爱也可以撑起一切。然而，爱要怎么表达？一个眼神？一个表情？还是一句话？

眼神或许会很迷离，表情或许会过于浮夸，只有语言能够明确表达出你真实的想法，也只有语言能够将你内心最真挚的感情直观地表达出来。也就是说，嘴上功夫，决定着女人一生

的情感归属。

　　闺蜜小妮子前两天跟老公商量好了和平分手，今儿一早两人就要去民政局办理离婚手续，因为没带户口本，所以只拿了离婚协议书回家填，准备择日再去办理。中午小妮子跟我们姐妹几个说起这事时，我们并不感到惊讶。他俩说要离婚不知道说了多少次了，每次总是不了了之。不过小妮子说，这一次，她是铁定了心要离了。原因很简单，家庭冷暴力！她跟他真的是完全无话可说了，每天同住一屋檐下，你看着我，我看着你，但就是不说话。

　　两口子生活在一起从不交流，一辈子那么长，怎么熬得下去？所以我们绝大多数姐妹还是支持小妮子离婚的，但就可可不支持离婚。可可问小妮子，你是真的不爱他了吗？小妮子说那么多年了，说不爱肯定是骗你的。既然还爱，为什么不好好沟通，再给彼此一次机会呢？可是小妮子说，近两年他可能因为生意惨淡的原因，脾气不太好，她一跟他说点什么事儿，他就发火，所以她就干脆不再搭理他。既然话都不跟人家说了，还怎么跟人家好好沟通？如此这般，日子自然也就过不下去了，不离婚才怪呢。可可说，女人天生自带各种神器，语言可谓是最好操作的神器之一，他心情不好，你哄哄他就是了，逗他笑不行，就亲亲他，一次不行，就再来第二次。

没错，女人若是肯在嘴上多下点儿功夫，必定家庭幸福婚姻美满。茫茫人海中，你们能够相识相知相爱并且生活在一起是多么不容易，几万分之一的概率都能让你们碰上，为什么就不能好好地珍惜彼此的感情，好好地经营两者的关系呢？动动嘴皮子，赞一赞对方，哄一哄对方，即使不爱有一天也会变成爱。

我的姑父姑母虽说不是"父母之命媒妁之言"定下的婚事，但也是经亲戚牵线搭桥而喜结的良缘。所以我姑母常说，没经历过自由恋爱，这辈子还是有些遗憾的，更何况我的姑父又是一个比较木讷的人，几十年来，我从未见他对我姑母热情地表示过爱意，每次出差回来，一样礼物都不带回来送给姑母，即使是姑母生病了，姑父也不曾关切地问过她一句"哪里不舒服"。即便如此，我的姑母对姑父也还是用情至深，精心照顾他的起居饮食，将家里的大小事务都处理得井井有条，还常常想着法子哄姑父开心。姑父工作压力大，姑母就给他读诗读书解压；姑父心情不好，姑母就讲蹩脚的笑话给他听；姑父有时冲她发脾气，她不但不生气，还笑嘻嘻地给姑父唱歌让他消气，反正姑母硬是靠她那张小巧的嘴将她跟姑父的生活调剂得和和美美。我很羡慕姑母有张巧言慧语的嘴，但还是心疼姑母这么多年无怨无悔的付出。

说句实在话，如果我的爱人像我姑父这般"冷漠"，而还要我全心全意地为他着想、为他付出、哄着他、让着他、宠着他的话，我想我是肯定做不到的。天底下没有哪个女人不想身边有个嘘寒问暖的男人相伴。对此，我曾问过姑母，为什么能够跟姑父共度三十余年而鲜少吵架？为什么从不抱怨姑父对她的冷淡甚至漠视？为什么她要默默地忍受姑父的臭脾气那么多年？为什么她对姑父就这么死心塌地？

在回答我的问题之前，姑母跟我说了有关我爷爷奶奶的往事。表面上看，爷爷奶奶一辈子相敬如宾地生活在一起，看似婚姻圆满，家庭幸福，其实那是一种无声的不幸。爷爷奶奶是早早就定下的娃娃亲，到了一定年龄就住在一起生儿育女，根本就没有半点儿感情基础。婚后，爷爷和奶奶几乎不怎么说话，即使说话，也只是偶尔为了柴米油盐或是孩子不听话争吵一两句而已。奶奶其实是想过跟爷爷分开的，但是那个年代，离婚就是个超级病原体，谁家沾上了，大人和孩子都会抬不起头来。奶奶为了姑母和我父亲他们几个兄弟姐妹，就这么一直强忍着跟爷爷过了一辈子。但奶奶的一生，过得很不开心，十分痛苦。

姑母说，她从小生活在无声的不幸家庭之中，她太清楚那种痛苦和压抑的感觉了。她曾跟她的心理医生朋友聊起过这段童年往事，她的心理医生朋友帮她分析了我爷爷奶奶婚姻不幸福的原因，主要是婚后他们俩谁也没有主动迈出增进彼此感情的第一步——好好交流，故而造成了家庭冷暴力。姑母的医生朋友提醒她，不管是婚前还是婚后，都务必要善用自己的嘴这个绝好武器去经营自己的情感和婚姻，绝对不允许冷暴力的存在。所以，待她嫁给姑父之后，即使一开始两人不曾有感情，但在她"甜言蜜语"的强烈攻势下，姑父还是对她动了心，她生病的时候，姑父虽然不曾说一句关爱的话，但是会默默地骑着自行车载她去医院就诊，在她生孩子的时候会握着她的手在一旁默默地流泪……这些或许我们都看不到，但是姑母看到了，也感觉到了。

或许爷爷奶奶和姑父姑母的情感故事离我们有些遥远了，但是他们的相处之道传递给我们的信息亘古不变：嘴上功夫，对女人的幸福而言，实在是太重要了。所以，我们务必要摒弃家庭冷暴力，练就一身好的嘴上功夫，为自己的幸福生活打下坚实的基础，给自己的家庭和谐买一份"保险"。

2 再浪漫再完美的爱情，也经不起岁月的唠叨

> 爱你的时候是真的很爱你，可是不爱你的时候，也是真的不
> 再爱你了。这无关岁月，却跟岁月的唠叨有关。再浪漫再完美的
> 爱情，也经不起岁月的唠叨。

当轰轰烈烈归于平平淡淡之后，当缠绵悱恻被柴米油盐覆盖了之后，当你侬我侬被岁月吞噬了之后，还有多少人能够携手相伴余生呢？人世间，不知道有多少婚姻经不起岁月的磨砺，中途就分道扬镳了。是爱得不够真还是不够深？都不是。爱你的时候是真的很爱你，可是不爱你的时候，也是真的不再爱你了。这无关岁月，却跟岁月的唠叨有关。

妹妹跟妹夫前两天又吵架了，她气鼓鼓地跑来问我："为

什么结婚前和结婚后，他完全像变了个人似的呢？"我反问妹妹："到底是妹夫变了呢还是你变了？抑或是你们两个人都变了呢？"

妹妹跟妹夫是一见钟情，然后爱得难舍难分，最后在众人的祝福声中步入婚姻殿堂的，可谓是感情深厚。可是结婚不到一年，两人就时有争吵，好几次吵着吵着就把"离婚"给搬出来了。我问妹妹："你们究竟在吵些什么？你们就两个人生活，没有老人和孩子来搅局，怎么就有那么多事情可吵呢？"妹妹说："比如家务活，婚前说得好好的，他干。可是婚后，他总是能找出一大堆理由来推翻，不是忙就是累，家里大大小小的事都甩手不管。每天下班回到家看到一堆的家务事等着我做，心里就发毛，一发毛就忍不住唠叨，一唠叨他就忍不住要回几句嘴，一来二去，两人就谁也不饶谁地吵了起来。"这不，两人三天两头就为这些鸡毛蒜皮的小事吹胡子瞪眼的。

相爱容易相处难，再浪漫再完美的爱情也经不起岁月的唠叨。其实，妹妹和妹夫婚后谁都没有变，而变的是相处的环境和模式。他们需要磨合，需要互相理解，若不然，再这么吵下去的话，他们那个家，真不知道哪一天就得散架了。所以我给妹妹一句忠告：岁月静好，只要你够宽容。

很多人从恋爱走向婚姻，感情基础确实不错，但是婚前都把婚后的日子想象得过于美好，一旦现实和理想形成了一定的落差，就接受不了，开始是唠叨，之后是互相埋怨甚至是责骂，最后必然导致婚姻瓦解。

恋爱容易，婚姻不易。恋爱的时候，人们总是将自己最美好的一面展现给对方，可是一旦结了婚之后，展现给对方的必然是自己最真实的一面。没有人是完美的，每个人或多或少都会有些缺点，既然都走到了一起，就更要多加珍惜对方，倍加呵护对方。要努力让彼此的婚姻长久，爱情保鲜，而最好的方法就是学会包容，学会理解。

同事丽丽的前夫因忍受不了她的唠叨提出离婚。她刚离婚那会儿，整个人瘦得不像样子，她说她这辈子恐怕是再也无力去爱了，再也不想组建家庭了。可是，在她最难过最无助的时候，张先生出现了。

张先生是在朋友的婚宴上认识丽丽的，当他知道丽丽一个人带着七八岁的儿子艰难地过日子时，就主动伸出手来帮助丽丽。丽丽出差的时候，张先生把她的儿子接回自己家照顾；丽丽儿子生病住院的时候，是张先生日夜守护着；丽丽的父亲病故，张先生俨然准女婿似的前前后后帮着张罗后事……丽丽真的很感动，在张先生无微不至的关怀下，丽丽对他动了心。张先生也打心底里喜欢丽丽，佩服她身上拥有一股韧劲儿。最后，在朋友们的鼓励和支持下，两人喜结连理。

张先生是初婚，丽丽是二婚，且还带着个儿子嫁给张先生，对此，隔壁邻居那些多嘴的大妈自然要嚼舌根子了。丽丽经历过一段失败的婚姻，她不想自己的这一段婚姻也走不到尽头，所以她小心翼翼地保护着新建立的小家，全心全意地爱着张先生。

起初，张先生对那些闲言碎语都是一笑置之，尽量不把它们当一回事。可是大约结婚半年之后，家里老人催张先生赶快跟丽丽生个属于他俩的孩子时，张先生很认真地跟丽丽商量，丽丽虽然心里有些不舒服，觉得张先生的家人似乎并未把她的儿子当成自家人看待，但是为了家庭和谐，她选择了默默地忍受。

当丽丽跟张先生的爱情结晶，一个可爱的小公主顺利降生之后，丽丽跟前夫生的儿子就真的完全被张先生的家人给冷落了。丽丽为此跟张先生沟通，张先生说，不管别人怎么看，怎么说，他永远都会视丽丽的儿子为亲骨肉。有了张先生这句话，丽丽宽慰了许多。

张先生的家人虽然并未表现出不喜欢新降生的小公主，但是丽丽还是看得出来，他们希望她能够生个儿子为张家传宗接代，他们也时常有意无意地在小公主面前说，让妈妈再给她生个弟弟。尽管张先生觉得以他跟丽丽的经济条件养两个孩子刚刚好，可向来孝顺的他，还是接受了家人的建议，跟丽丽商量着要再生个儿子。丽丽对此极为不满。且不说自己年纪大了再生一个孩子似乎有些冒险，就说生男生女这事吧，自己根本做不了主，就算是做得了主，她也不依。她自己的儿子他们不待见也就算了，就连张家的亲骨肉女儿他们也不甚喜欢。加之孩子小比较闹腾，家庭琐事又多，工作又忙，丽丽时常徘徊在情绪崩溃的边缘，无数次想唠叨张先生冲他发脾气，但是因为有了前车之鉴，在这次婚姻里，她学聪明了，每次自己忍不住要唠叨张先生时，她就让自己停一停，想一想张先生的不容易，忆一忆当初彼此相爱时的快乐事，慢慢地就把自己的气给顺下去，消下去了。丽丽就是靠着这种方法，跟张先生和和美美地相处了一年又一年。

尽管闲言碎语不曾停止过，尽管张先生的家人对两个孩子都略有微言，但是丽丽的宽容、理解和大度，使张先生对两个孩子的爱一日比一日深，一家四口的日子过得有滋有味的，这样不是挺好的吗？

　　爱情再美，也美不过一辈子的相知相伴；未来再远，也远不过一生一世的相守。谁都想有个幸福美满的婚姻，谁都想与枕边人相爱到老。既然如此，我们就要放开胸怀去爱，去包容，去理解，去珍重，绝不能让岁月的唠叨将我们的幸福生活带走。

3 数落只会增加隔阂，相濡以沫才能携手共进

夫妻最终选择分开，很多时候跟所处的大环境无关，而是跟彼此的相处方式有关，一味地嫌弃或是数落，只会增加彼此的隔阂，只有相濡以沫，才能够携手共进，克服一切困难。

很多女人对自己的老公都寄予了厚望，大有"望夫成龙"的势头。不过，不是每个男人都能够如老婆所愿达到一定的高度，赚到一定的财富。有些男人奉行"知足常乐"的信条，有份稳定的工作和收入就感觉很好了，有些男人则无欲无求，三餐温饱就满足了。当然，也有些男人实力雄厚，身份、地位和财富与日俱增。但是不管是怎样的男人，他们都需要一个强有力的后花园做后盾，而那个后花园必然要由一个贤良淑德的女

主人来打理。

　　或许是因为后花园里杂草丛生事务繁多的缘故吧，再贤良淑德的女主人也会被一些琐碎的事给扰乱了心绪。一旦女人心绪不宁便会烦躁不安，然后就会把这些消极情绪发泄在男人身上，抓住男人的一些"缺点"进行数落。女人"数落"男人，或许只是单纯地想要发泄一下情绪而已，也可能是"恨铁不成钢"的一种激进表现，但不管怎样，那也是一种在乎对方的方式，只不过这种方式男人们不喜欢，甚至会厌恶，末了还会选择逃离。

　　曾经跟几个家庭一起相约去旅行。在旅行的过程中，有个朋友的妻子一路数落自己的丈夫这样不好那样不好，而最不好的就是没出息赚不了几个钱回家，本来她丈夫还给她几分薄面，当着我们大家的面尴尬地笑笑就算了，可是在旅行的第三天，当他妻子又拿他"没出息"那些事来数落他时，他当即火冒三丈拖着行李说要先行返程了。要不是我们分开劝解，恐怕接下来的行程我们大家都没办法继续了。

　　说实话，我们理解朋友妻子对他寄予的厚望，也理解他妻子希望他有一天能够发大财赚大钱出人头地的心理，但是我们还是觉得，有些事没必要拿出来说，尤其是对外人说，忍一忍让一让也就过去了。可就是有些女人偏不忍不让，非要拿出来说，拿出来数，甚至一而再，再而三地翻出来说。数一次，男人可以当作没听见；数第二次，男人可以一笑置之；数第三次，就算男人不计较不反抗，恐怕也会在心里默默地记着，指不定哪天就"揭竿而起"奋勇反抗了。

不是谁都能够独步天下一览众山小的，也不是谁都能够大展宏图创造非凡事业的，别人家的老公再好也是别人的，自己的老公肯定有你欣赏的地方，不然你怎么会嫁给他呢？既然选择了这个男人，就要爱他的一切，与他相濡以沫。

"夫妻本是同林鸟，大难临头各自飞。"好姐妹王阳跟我说，她本来一直都不太相信这句民间俗语，可是看多了身边的亲人朋友，因为夫妻一方遭遇了厄运或是困难，另一方不愿抑或是根本无力相助，最后落得个"劳燕分飞"的下场之后，她信了。

正因为她信了，所以她抱着"合则来，不合则去"的心态跟她的老公相处，她不知道，夫妻最终选择分开，很多时候跟所处的大环境无关，而是跟彼此的相处方式有关，一味地嫌弃或是数落，只会增加彼此的隔阂，只有相濡以沫，才能够携手共进，克服一切困难。也就是说，如果夫妻二人平日里相处得很好，感情够牢固的话，不管遇到多大的困难和阻滞，他们也会彼此相依，共同面对一同解决，而不会选择"各自飞"，弃对方而不顾。

王阳老公书没读多少，但是很有生意头脑，连锁超市开了一家又一家，身家不知有多丰厚呢。尽管他创业的时候，王阳小看了他，不支持他，甚至还嘲讽他"烂泥扶不上墙"，可是他发家之后从来不曾亏待过王阳，给她吃好的喝好的玩好的，把她全家，上至父母下至兄弟姐妹都照顾得好好的。但是王阳还是嫌弃他是粗人一个，只要一有小摩擦，王阳就会数落老公没文化没见识。久而久之，王阳竟不自觉地将数落老公当成了一种发泄的工具。

有一次王阳又有事没事地找碴儿数落他，他一时气不过摔门而出。当晚，他就跑到澳门豪赌，结果输了大半部分身家，不过还好他够理智，发现情况很不乐观就赶紧抽身回家了。可是，回了家的他身家"缩水"太多，知道这事也瞒不了王阳，只好硬着头皮跟王阳坦白。王阳脾气一来，吵着闹着要离婚，后来在家人和朋友的劝说下暂且平息了怒火，原谅了老公。但这事就像一根刺深深地扎在王阳的心里，她开始不信任老公了，也很没有安全感，后来只要老公一说出差她就害怕他再去澳门，反正心里是十万个不放心，时时忧心不知道何时夫妻俩就又回到一贫如洗的当年。看着她整日"疑神疑鬼"精神恍惚，身为朋友的我们，只能跟她老公好好聊聊，让她老公帮她拔掉心中的那根刺，给足她安全感。

我跟王阳老公见过几次面，我对他的印象还是挺不错的。然而这次大家约他出来，他虽然很爽快地答应了，可是到了约定时间，迟迟不出现，好不容易等到他出现，他却说他受不了王阳了，要跟王阳离婚，他会净身出户，只为获得自由，只为今后能够开心地生活。

我们问他，跟王阳在一起就那么不开心吗？他说他是因为真的爱王阳才紧追死追地把她追到手的，可是王阳从跟他在一起的第一天起就看不起他，觉得初中毕业的他根本配不上大学毕业的她，她常常拿这个来数落他，但他都忍了，在他创业的艰难时期，王阳对他除了嘲讽还是嘲讽，并未想过帮扶他一把，看在王阳一直对他不离不弃的份上，这些他都不跟王阳计较，可是他只不过一时心情不好去赌场挥霍了一把犯了一次错而已，她就变本加厉地数落他、讽刺他，每次跟他说话总是话里带刺儿，他在外忙生意忙得两眼昏花，回到家还要看老婆脸色，这种生活，他实在是过不下去了。

既已无力回天，王阳干脆放手，握着大笔存款和房产平静地在离婚协议书上签了字。王阳说，这样的结局她早就预料到了，从她知道老公在外豪赌的那一刻起，她就知道，这样的老公是靠不住的，不管有多少身家也经不起他这样的挥霍，离婚是迟早的事。她哪里知道，其实是她的嫌弃，是她的数落，是她的自以为是将她老公的心给逼走的，这个恶果是她自己种下的，其中的苦味，自然要她自己品尝了。

夫妻相处之道，是一门大学问，不管是粗茶淡饭勤俭度日，风雨同舟迎风破浪，还是荣华富贵同分共享，都需要经过时间的打磨和生活的历练才能够获得。王阳在老公一无所有的时候嫁给他，跟着他吃苦受累，看着他发家致富，一路走来不容易。如果王阳可以改变一下对老公的看法，改变一下跟老公的相处方式，少一些数落，多一些扶持，少一些嫌弃，多一些鼓励，结果就会截然不同了。

俗话说得好，"十年才修得同船渡，百年才修得共枕眠。"所以，我们都要倍加珍惜这百年修来的姻缘，多爱对方一点，多体谅对方一点……

4　凡事心平气和地沟通，大吵大闹只会加重感情危机

不吵架的夫妻是假夫妻，小吵怡情无伤大雅，但是大吵就太伤夫妻感情了。凡事心平气和地沟通可以增进彼此的感情，遇事大吵大闹只会加重感情危机。

隔壁老吴家又传来乒乒乓乓摔东西的声音了，不用说，又是老吴家的女主人发飙了。仔细一听，还真是，老吴的老婆一边摔东西一边吼老吴，老吴也不是省油的灯，他老婆吼一句他就顶一句，就这样，夫妻俩你一句我一句，吵得天翻地覆，非得让整栋楼的住户都知道他们老吴家夫妻俩又失和开战了。

毋庸置疑，每个人都有耍脾气闹情绪的时候，因为人是个感情丰富情绪也丰富的物种。加之现实世界纷繁复杂，我们身

处其中，很难不受其影响，很难永远保持温和的脾性。但是有的人能够控制自己的脾性，与人进行良性的沟通，而有的人则一味地放飞自我，遇到事情只会用吵和闹的方式来解决，结果只会令矛盾升级，隔阂加深，感情变浅。

我家黄先生说，看惯了老吴家夫妻舌战大戏，他感觉自己比老吴幸福太多了，耳根清净极了，因为娶了一个知书达理，遇事沉着冷静而绝不会大吵大闹的老婆。虽然我觉得，不吵架的夫妻是假夫妻，小吵怡情无伤大雅，但是大吵就太伤夫妻感情了。凡事心平气和地沟通可以增进彼此的感情，遇事大吵大闹只会加重感情危机。本来就是因为感情或是生活上出现了问题才会吵架，这个时候最需要的就是冷静，是平和地处理问题，而不是用大吵大闹来激化矛盾。或许你们之间的感情还就没到清零的地步，吵架只不过是现实生活对你们的一种考验罢了，平心静气地跨过去就会相安无事地继续牵手同行，但若跨不过去，非要吵个天崩地裂，伤的不仅是精力，更是人心，甚至将彼此的感情推至崩溃的边缘。

我的大学同学妮娜，是我的准表嫂，最近她一直没跟我联系。前两天给她打电话问好，她整个人给我的感觉似乎很不好，细问之下才知道，她跟我表哥的感情出现了重大危机。

妮娜是来我们家玩偶然遇上我表哥的，妮娜对我表哥虽未一见钟情，但是两人慢慢熟识了之后渐生情愫，后来就走到一起了。他俩在一起有三年了，这三年来，都相处融洽，年初的时候妮娜很兴奋地告诉我，他俩已经购置了爱巢，正在装修呢。等房子装修好了，他们就择日登记结婚。可没想到这才几个月的时间，两人的感情就遭遇了重创。

妮娜的工作时间比较稳定，朝九晚五，所以有较多的闲暇时间来监督装修工程，而表哥工作比较忙，经常出差，他根本无暇顾及婚房的装修，只是偶尔有空的时候去看一眼，给点儿意见。妮娜是个完美主义者，装修工程开始了三个月，连基础装修都还没搞定，三天两头让设计师改设计，然后让装修师傅重新按照设计师的修改稿装修，别说是设计师和装修师傅了，就连表哥都看不下去了，表哥催妮娜赶紧定好设计稿就不要再改了，抓紧时间把房子装修好再吹晾几个月就可以搬进去住，然后办婚礼。对此，妮娜十分不悦，明明说好了房子装修之事交给她全权负责的，表哥只要付款和专心工作即可，结果表哥又插手进来要管时间进度，妮娜跟他发了很大一通脾气，表哥实在是不想跟她吵，正巧有工作任务要出差一个星期，表哥以为一个星期的时间够妮娜冷静和消气了，没想到，他才出差回来，妮娜就闹到了他的单位。

那天，表哥一下飞机打开手机，就接到同事的电话，说他女朋友妮娜在他办公室里发疯似的大喊大叫，说他手机关机，好几天联系不上他了，让他赶紧回单位处理一下。

表哥这几天下乡开展调研工作真的很忙，又没带充电器，手机信号又不好，加上又是吵了架后出门的，表哥以为不联系，大家都可以趁此机会好好冷静思考一下，待下次见面的时候便可以好好说话不再争吵了。没想到个性刚烈的妮娜竟然跑到他的单位去闹腾，他又气又急，全身狂冒冷汗，紧赶慢赶地向单位狂奔而去。

见到表哥，妮娜劈头盖脸的就是一阵狂骂，表哥让她先冷静一下，有事回家慢慢说，但是妮娜不依，她质问表哥这些天不跟她联系是不是想分手，质问表哥是不是在外面有了别的女人。表哥明确表示，那都是没有的事，是她想太多了。可妮娜不信，她说有朋友看到表哥是跟一个女生一起登机的，表哥解释说，他是跟一个女同事一起去出差，不过两人去的是同一个省市的不同乡镇调研。妮娜正在气头上，完全听不进表哥的解释，在表哥办公室又打又砸，像极了街边的泼妇，表哥看着既心寒又无奈。最后，表哥的领导出面调停，妮娜才渐渐平复了心情，跟表哥离开了表哥的单位。

　　这次之后，表哥明显对妮娜表现出了冷淡。他开始不爱搭理妮娜，对房子装修之事也不再过问，妮娜多次跟他说房子快装修好了，让他跟家里老人说可以选日子登记了，表哥表面上是答应了，可并未付诸行动，总是以工作忙为借口推脱。妮娜为此又跟他大吵了几次，表哥还是那个态度，不紧不慢，不管不理。就这样吵吵闹闹了一年多，妮娜给表哥下了最后通牒，限他三个月内把她娶进门。这下表哥再也忍不住了，直接跟妮娜说分手。妮娜接受不了这个事实，再一次发疯似的跑到表哥的单位去闹，表哥心灰意冷，任凭她怎么闹，即使爬上天台说要跳楼，表哥的心也回不到当初了。

　　明明彼此相爱，却非要搞得两败俱伤；明明矛盾可以调和，却非要激化矛盾搞到再无回旋的余地。要知道，良好的沟通可是保持感情良性发展的有效方法之一。夫妻情侣有矛盾起冲突时，切不可激动，要先让自己冷静下来。只有心平气和地跟对方进行沟通，才能寻找到解决问题处理矛盾的最佳方法，让彼此的感情往更好的方向发展。

把话说到对方的心坎里，才能永久占据对方的心窝

想要你爱的人紧紧地抓住你的手不放，就一定要学会把暖心的、贴心的、知心的话说到对方的心坎里，用最真挚的语言去进入他的心房以及他的灵魂……

每次，有朋友让我帮忙介绍对象时，我都必然会问她们有什么要求，而她们给我的答案，不知道是不是都对过了口径，一致说要找个有共同爱好、共同语言的。可是，是不是有了共同语言，两个人就一定能够好好地过一生呢？

师妹云舞和她的男朋友浩浩都是学服装设计的，两人在一起除了聊一些生活琐事以外，更多的是聊专业，聊设计灵感，聊成品的修改，总之，在大家眼里，两人真是天作之合。

然而两人最后还是没能喜结良缘步入婚姻殿堂，这段被大家一致看好的感情不了了之了。大家都很好奇，有共同爱好、共同志向、共同语言的两人，怎么就不能携手一直走下去呢？浩浩说，虽然他们每天都有聊不完的有关设计方面的话题，但是两人总是聊不到心里去，聊不到重点上。而浩浩在跟另一个对他有好感的女生在一起时，她说的每一句话都能带给他灵感，像是为他打通了任督二脉似的。所以最后，他选择牵手共度余生的并非是云舞。

有共同语言，是相知相爱的首要条件，但是光具备这个条件是绝对不够的，两个人在一起，不但要有话说还得会说，且要把话说到对方的心坎里。只有用语言戳中对方心中最柔软的地方，才能够永久地占据对方的心田，任谁也代替不了自己在对方心目中的位置。

大学毕业那年，我们班一个叫蓝斌的男生，面临着一个艰难的选择，那就是跟不跟和他在一起三年的女朋友冰冰分手，分手的理由很让人揪心。

蓝斌跟冰冰都是文学爱好者，两人相识于院文学社，又同在院报编辑室做助理，经常相约畅谈文学理想，经常互相帮对方修改稿件，经常一起参加市内各大报刊举办的文学活动，相处久了，感情也慢慢深厚了。

可惜命运弄人，蓝斌突然连续几天高烧不退，去医院检查，结果犹如一根棍棒狠狠地打在冰冰心间。蓝斌是乙肝病患者，病毒正处于活跃期，肆意地在他体内搞破坏。虽然蓝斌已及时入院进行治疗，但是身体的各种不舒服向他传递了极为悲观的信息，他感觉自己快要死了。他不想连累冰冰，想要分手让她另觅他人相伴，冰冰却怎么也不肯，坚持要跟他一起与病魔做斗争。冰冰说，在你最需要人支持和鼓励的时候，我怎么能够弃你而不顾呢？现在我要做你的天、你的地、你的依靠，待你好了之后，你做我的天、我的地、我的奴隶，让我一辈子都欺负你。蓝斌被冰冰这句话感动得一塌糊涂，全身都充满了正能量，为此，他不再悲观，不再害怕病魔，积极地面对病痛，勇敢地与病魔做斗争。

不知道是冰冰的坚持还是蓝斌的勇敢感动了上天，最新消息传来，国际研发出了一种新药能够抗乙肝病毒，不过只有省城的大医院才有。冰冰知道了之后，立刻带着蓝斌到省城大医院寻良药治疗。

省城医院的医生帮蓝斌做了详细检查之后，也明确表示蓝斌适合使用这种药物的进行治疗，只不过这种药价格昂贵，且要每天吃一粒，至少要吃一年，算下来，大概需要好几万。

对于正准备毕业刚要走上工作岗位的蓝斌和冰冰来说，根本无力承担这么一大笔药费。尽管医生说蓝斌此时是用新药治疗的最佳时期，蓝斌自己也很想吃新药让自己的身体快点儿好起来，不过鉴于自己现实的经济条件，他只能宽慰冰冰说，自己经过一段时间的治疗病情已经稳定下来了，就暂时先不吃新药了，等以后工作了些时日，存了些钱之后再作打算。可是冰冰却说："吃！必须吃！我每天酱油捞饭，就不信省不下钱让你吃这个药。"

冰冰说的简简单单一个"吃"字，简直是说到了蓝斌的心坎儿上，在蓝斌听来这简直就是天籁之音，他无力拒绝，也不想拒绝。

一个月，两个月，三个月……一年，两人整整熬了一年。在这一年里，冰冰做多份兼职为蓝斌赚取医药费，虽然很累，但是每天都会乐呵呵地跟蓝斌分享一些生活趣事，一起回忆他们大学的美好时光，让蓝斌对这个世界充满了期许，使他更有信心坚持用新药治疗下去。

熬过了最艰难的时期，蓝斌的各项"生命指标"开始慢慢趋于正常了，尽管他的病这辈子都无法根治，但至少不会影响他今后的日常生活，能吃能睡能工作，还能生孩子，这对蓝斌和冰冰来说已经算是莫大的幸福和满足了。

于是两人分别跟家人商讨结婚事宜。可是冰冰的家人却极力反对，冰冰的母亲甚至要向蓝斌下跪，只求他跟冰冰分手不要拖累冰冰。无奈的蓝斌只好再次向冰冰提出了分手，爱她，就放她自由，让她活得轻松一些。冰冰哪里肯分，她哭红了鼻子对蓝斌说，从知道你患病的那一刻起，我就告诉自己，一定要陪这个人慢慢地变老，让我爱的这个男人活得比我自己更长久。

蓝斌哭了。那一刻，他告诉自己，这辈子不管再遇到多大的阻滞，他也不会放开冰冰的手，他一定要让她幸福。从那以后，他再也不提分手的事，也不再怕连累冰冰了，他每天都告诉自己，一定要好好地活着，一定要好好地守护他的天使，即使自己没有一个完全健康的身体，但是他有一颗拼搏上进的心，有满腹的文学才华，他一定可以让冰冰拥有一个幸福美满的家，过上富足的生活的。

两人至死不渝的爱最终感动了冰冰的家人，在双方亲友的见证和鼓励下，蓝斌和冰冰手挽着手步入了婚姻殿堂，第二年他们又迎来了他们爱的结晶，一个美丽可爱的小王子。

我们大学同学十年大聚时，蓝斌带着冰冰和孩子一起来参加。看着他们一家三口幸福的样子，不知多羡慕呢。蓝斌说，他今天的幸福生活来得太不容易了，每次他想要放弃，想要默默离开时，都是冰冰暖心的话把他给拉了回来。为了感恩冰冰为他所付出的一切，他这辈子会爱她至老，陪她至死。

　　我曾跟我家黄先生讲起蓝斌跟冰冰的故事，我家黄先生说，跟自己有共同语言的人多了去了，但是能把话说到自己心坎里的人，恐怕一万人里也难找到一个，遇到了，谁也不会轻易放手的。如果你想要你爱的人紧紧地抓住你的手不放，想要他面对任何困境都对你不离不弃，你就一定要学会把暖心的、贴心的、知心的话说到对方的心坎里，用最真挚的语言进入他的心房以及他的灵魂……

6 爱要明明白白说出来，靠估和猜只会遗憾终生

聪明女人的说话之道

GONGMINGNURENDESHUOHUAZHIDAO

　　爱，不能闪躲，更不能隐藏。喜欢一个人，就要让他知道。即使对方拒绝了你，那又如何？至少，你努力过争取过，没给自己留下遗憾……

　　身边有很多多年的好友都待嫁闺中，在寻寻觅觅了多年之后，突然给我发个"蓦然回首，那人却在灯火阑珊处"的信息，明确告诉我，她们找到的另一半居然是遗落在高中时代或是大学时代的一颗"明珠"。

　　其实当年，他们彼此对对方都心存好感，只是谁也没有大胆地迈出第一步说出心中所想与所爱，以为对方会知道自己的心思，以为终有一天对方会捅破那层薄纸的，结果，这一等

就是数年。我那些好友算是运气好的，在经历了几场无果的恋情之后再回头望，看到了当年住在自己心底的家伙一直都在默默地守望着自己。于是，感动、流泪、牵手、相恋，即使对方是二手男人，也无妨，只要彼此相爱，一切都可以不计较不在乎。也有很多运气不好的，各自去爱，各自受伤害，然后又再彼此错过，彼此相忘于江湖，只是，心中始终有对方，对方却永远不得而知。为什么？因为谁也不曾明明白白地把爱说出来，总是让对方去猜去估，结果除了遗憾也还是遗憾。

　　昨晚在高中同学的微信群里聊天，大家在聊起人生最大的遗憾时，有个同学说是没能在中学时代谈一场单纯的恋爱。我附和着说，是的，或许我也有这样的遗憾。谁知，这句话却惹来了另一个男同学的询问，他问我，当年他的同桌对我那么好，为什么三年下来我都没有半点儿感动？我愣了一下，很认真地回忆了一下，印象中，那个男生确实挺照顾我的，但是他似乎也很照顾其他女同学，我丝毫没有感觉到半点儿他对我比对其他女同学更好。可是那男同学说，大家都看得出来他同桌对我有好感，就我半点儿反应也没有，大家都以为我那是无声的拒绝。这真是太冤枉我了！我这个人比较后知后觉，如果你不明明白白地告诉我你喜欢我，我是完全感觉不到的。我不敢保证那个男生当年若是跟我告白了，我们一定会走到一起，但是我可以很肯定地告诉你，当年他没有将心底要对我说的话大胆地说出来，那么注定这辈子，我对他而言，就只能是一个遗憾。

虽然人生无处不有遗憾，但是有些遗憾，是完全可以避免的，就因为含羞或是矜持，抑或是过于自信，而让遗憾滋生，真的是会后悔莫及的。感情这东西，是需要耐心等待和真心付出的，但是只是一味地等待和付出，不采取一些直截了当的方法去争取的话，付出再多，等待再久，结果也终是不随人愿的。

"错过的遗憾，是一种无法言说的痛。"张敏无意中在一本书中看到了这么一句话，心里顿时堵得慌。这让她想起了多年前的一段情和一个人。

那时，张敏是个高中生，十六七岁，如花似玉。高二那年，她有幸成为校辩论队中的一员，代表学校去参加省级中学生辩论赛。校辩论队中，有一个叫黄昊的男生，斯斯文文，高高帅帅的，张敏见到他的第一眼，就深深地记住了他的样子和他的名字。青春悸动的岁月，哪个少女心中没有一个白马王子的人选呢？张敏也不例外。她悄悄地在心底对黄昊芳心暗许，不过她从未向任何人提起过自己心底的这个小秘密。

　　黄昊其实也是喜欢张敏的，她扎个马尾的样子常常在他的梦里出现。不过，他却不敢跟张敏表明心意，他害怕被张敏拒绝，到时两人连朋友都没的做。所以，为了友谊常在，他也选择了默默地喜欢张敏，对谁也不提及。

　　为了拿到好名次为校争光，每天下了晚修之后，身为主辩和二辩的黄昊和张敏都相约其他队友一起到学校图书馆的小会议室里练习，有时练得很晚，黄昊就义不容辞地担当起送张敏回家的责任。多次下来，大家都议论说，黄昊和张敏彼此有好感。两人也多多少少听到了一些同学们的议论，可谁也不敢肯定对方是真的喜欢自己。

　　其实，黄昊和张敏都曾想过要向对方表白的。不知多少次，深夜走在回家的路上，黄昊都想大声地对张敏说出"我喜欢你"这几个字，但总是话到嘴边又不好意思开口，他对自己没有信心，也不知道张敏心里到底有没有他。若是没有的话，一旦话说出口了，他跟张敏这么友好的同学和队友关系就很难再回到当初了。而张敏也时常想，不如告诉黄昊自己一直都很喜欢他的，可她又担心，万一并不像同学们说的那样，黄昊根本不喜欢自己的话，那么岂不是丢了女孩子的矜持？被拒绝的话，会很难堪的。

最终，省级辩论赛上，他们获得了冠军，然后又毕业了，各自上了理想的大学，甚少联系，或者说，根本就不怎么联系。不过，对黄昊依然深情不已的张敏一直有留意黄昊的消息。忽然有一天听队友说，黄昊跟当时辩论队里的一个叫佳佳的女生在一起了。张敏除了感到意外之外，心里还很难受。明明当时大家都说，黄昊喜欢的是她，怎么后来就跟佳佳在一起了呢？

张敏为此特意跑到黄昊所在的大学，以老同学老队友的名义约他见面，黄昊大方应约，不过他把佳佳也带来了。看到黄昊跟佳佳两人甜蜜的样子，张敏不知道有多心痛，她知道，黄昊永远也不可能属于她了，黄昊的心早已被佳佳给霸占了。落寞地与黄昊和佳佳告别之后，张敏用了很长一段时间才把对黄昊的那段情放下。尽管大学毕业之后她也恋爱了，结婚了，生孩子了，但内心深处，还是有个小小的位置留给了黄昊，她偶尔会想起他，想起那个自己默默喜欢了很多年的男生。

不知道是命运的故意安排还是真是无处不相逢的凑巧，张敏在一次外出培训时遇到了同去一个城市出差的黄昊，两个当初彼此暗恋的人在陌生的城市相遇，总会发生点儿什么事情吧。黄昊拉着张敏去吃饭小聚，席间，黄昊说，其实当年他一直都很喜欢她，只是没有勇气表白而已。这样的答案，是张敏一直想要的，可是它却迟到了十多年。她无奈地笑笑说，前程往事，还提它做什么。黄昊不肯罢休，问她，当年有没有一点点喜欢他。张敏依然是笑，她反问他，现在问，还有意义吗？黄昊说，他只想知道，她有没有喜欢过自己。张敏说，如果我说有，我们是不是要抱头痛哭呢？黄昊没有回答，只是低下头，默默地把眼泪往心底里咽。许久，黄昊才说，大学二年

级的时候，他收到佳佳的表白信，他没有回信，佳佳就每天给他打电话、发短信，不知道多少个月过去了，他就沦陷了。原来，是佳佳主动表白的，慢慢攻下了黄昊的心。张敏知道了之后，长叹一口气，真是后悔当初没有勇敢一点儿，不然今天就不会有遗憾了，两个人就不必在陌生的城市里，相视对望时，眼中满是无奈和遗憾。

爱，不能闪躲，更不能隐藏。喜欢一个人，就要让他知道，大胆而勇敢地说出来，即使对方不喜欢你拒绝了你，那又如何？至少，你努力过，争取过，对得起自己，也给自己的心一个交代，没有给自己留下遗憾……

世界那么大，能遇到一个自己喜欢的人真的是太不容易了，在还能说爱，还有资格谈情的时候，请大声地说出你的爱吧，别让自己遗憾终生……

7 老是翻旧账找碴儿，不如有事说事简单直接

吵架最忌讳的就是把战线拉长，把范围扩大，把火气往上提。只有有事说事速战速决才能将吵架带来的感情伤害降到最低，只有尽快平息战火将问题解决才能保证两性关系能够和谐地发展下去。

　　"每次吵架，总要翻旧账出来找碴儿，为什么就不能有事说事简单直接一些呢？"这句话应该说出了无数男人的心声。确实，女人都有一个通病，那就是一旦跟爱人吵架，除了就事论事地吵一轮之外，还非要把以往的旧账翻出来再数落一翻，本来吵架就是因为遇到点儿什么事暂时无法解决，一激动就吵了起来，女人这个超级感性的动物，不但不想法子对事情本身

存在的问题进行解决，反而是拿旧账出来添乱，用男人的话说就是"找碴儿"。

其实，女人不爱"找碴儿"，也不爱翻旧账，只是"新账"很多时候跟旧账一样，简直就是明知故犯，不拿旧的出来做做对比，女人怎么能在这场舌战中赢得漂漂亮亮，让对方输得心服口服呢？尽管女人这种想法听起来还是有些道理的，但是男人是理性的，他们喜欢简单直接一些，有问题就解决问题，没必要前前后后左左右右对比来对比去。这跟男人女人选购东西的喜好一样，女人喜欢货比三家，最后选价格实惠的，可男人喜欢速战速决，看到喜欢的，价格还可以接受的话就下手了，绝对不会花更多的时间去看看其他家的东西比比价格什么的。男人和女人这两种不同的处事方法，到底谁的更优呢？

在生活上，在物资的采购上，女人"货比三家"的方法较为优胜，因为这有益于勤俭节约，但在夫妻或是情侣相处上，还是男人直截了当的方法要更优胜一些。本来吵架就已经很伤感情了，如果再把前情往事和旧账一股脑儿地倒出来的话，那不是火上浇油吗？这样根本不利于问题的解决，不但会激化矛盾，还可能滋生出新的矛盾。如此一来，可就没完没了了。

吵架最忌讳的就是把战线拉长，把范围扩大，把火气往上提。只有有事说事速战速决才能将吵架带来的感情伤害降到最低，只有尽快平息战火将问题解决才能保证两性关系能够和谐地发展下去。

端午节的时候，我们夫妻二人跟隔壁老许两口子相约一起去澳门旅游。去之前，老许和我家黄先生就商量好，到了澳门，让我跟许太太在威尼斯人度假村里逛逛玩玩吃吃喝喝，他俩就去赌场里碰碰运气。许太太临出门前答应得好好的，可是到了威尼斯人度假村，她就反悔了，她怕许先生在赌场里一发不可收拾，故怎么都不肯让许先生去。

明明说好的事，突然反悔，这也太不够意思了吧？许先生对此十分不悦，他明确表示，来到了赌城，不进去拼一下手气，简直是糟蹋了一个大好机会，故他坚持要进去赌一赌搏一搏。许太太听到许先生说一定要进去，就气不打一处来，指着许先生的鼻子说了句："你若是敢进去，回去就离婚。"居然拿离婚来威胁，许先生哪里肯受，直接转身就往赌场门口走去。许太太急了，急忙上前拽住许先生，就是不让他进去。许先生也是个犟脾气，太太不让去，他就偏要去，硬是用力甩开徐太太的手要进去。

见此情景，我家黄先生赶紧上前帮忙劝许先生，先不要进去了，大家一起逛逛威尼斯人度假村再说。可能是见有我们夫妻两个外人在吧，许先生觉得被许太太这样不讲道理的约束实在是太没面子了，便执意要进去，非要许太太放手，可许太太就是不放，就是不让许先生进去。既然两人都执意不让，我家黄先生只好建议他们夫妻二人到一旁好好商量一下。

许先生和许太太接受了我家黄先生的建议移步到一个没人的角落协商。我以为给时间和空间让他俩好好沟通，应该可以协商出一个一致的结果，殊不知，没几分钟许先生就激动地向我们走来，说他俩吵得实在不可开交了，让我们过去帮忙评评理。原来，许太太把几年前许先生来澳门，不仅把身上所有的钱都输光了，还刷了银行卡里的好几万元做赌本的事拿出来说。徐太太说若不是她死命把他拉走，恐怕他就要借款继续去翻本了。以防这次又出现类似上次的事情，她干脆直接把他挡在门外。

可是许先生却质问许太太，为什么出发之前她又那么干脆地答应他，若是她当时不答应的话，说不定他就不来了呢。徐太太说，当时答应是因为见有黄先生一起，觉得黄先生这么理智的一个人，应该可以帮她看住许先生。不过到了赌场门口，她想想还是不要给许先生机会去冒险了，所以就出现了之前死拽着许先生不让他进去的那一幕。本着不把矛盾激化和事情扩大化的原则，我让许太太先放下陈年旧事，就当下他们争吵的内容好好谈谈，寻找到一个两个人都能接受的解决方案。然而许太太还是一直在念叨当年的事，搞得许先生恼火地列举了一大堆许太太"出尔反尔"的旧事出来，许太太也不甘示弱，也列举了一大堆许先生没有自控力的旧事，两人你说一件，我说一件，完全把自己困在了旧事堆里，哪里还记得两人到底是为什么争吵，又到底要解决什么问题。为避免许先生和许太太这么没完没了地吵下去，我家黄先生和我决定把两人分开，各自劝说。

争吵的时候，若是一味地把旧事给搬出来的话，只会让争吵声变得更大，让事情变得更糟。待我家黄先生把许先生拉走之后，我开始跟许太太分析问题。许太太稍稍冷静之后，细细思考了一下我说的话，觉得在理，故在我的引导下，想出了一个解决这次矛盾的方法，即让许先生把身上所有的卡都交给她保管，只给许先生5000元现金进赌场，不管是输是赢，反正三个小时之后必须出来。如果没到三个小时就输光了5000元的话，也必须马上出来。许先生当然很爽快地接受了许太太开出的这些条件，事情就此总算得到了圆满解决。

两个人相处，哪有不争吵的？争吵的时候，切不可顾左右而言他，也不可旧事重提，绝不能在这个事情还没有解决之前又带来新的问题，绝不能让争吵变得无休止而破坏了两人的和谐关系。所以，我们要学会做一个聪明的女人，争吵的时候千万记住不能再去翻旧账找碴儿了……

有涵养的女人，

向来都巧言慧语

第 三 章

智慧的言谈和文雅的举止是有涵养的女人最显著的表现。

女人，即使长得再漂亮，

终有一天也会被岁月磨出皱纹，

只有巧言慧语能够让你一天比一天美丽，

一天比一天更受人欢迎。

> 很多时候，你得理不饶人，或许真赢了场面，实则却输了人心。适时地给人一个台阶下，释放出一份好人缘，才能赢得人心，赢得真情意。

上周末陪女儿去参加一场演出，候场的时候，看到一个妈妈跟另一个孩子的爸爸在争执些什么。那个妈妈激动得很，嘴巴噼里啪啦地讲个不停，声音洪亮，中气十足，而旁边的那位爸爸一脸不悦地回应着那位妈妈，不过他还算是有绅士风度，一直在压低着音量。

据旁边看到了整个事情经过的其他妈妈们说，有两位小朋友在候场的时候吵起来了，其中一个还把另一个给打了，被打的小朋友的妈妈一直不停地在指责打人的小朋友的爸爸不会教孩子，那位爸爸已经及时让自己的孩子跟对方的小朋友道歉了，但是那位妈妈在两个孩子都已经上台表演完了还是冷静不下来。后来，有家长请来了老师协调，才平息了事件。

人与人相处，不可能永远都是和谐的，摩擦和矛盾是常有的事。但是不是一有不愉快的事情发生，有理的一方就可以趾高气扬地博个头彩，一副得理不饶人的样子呢？答案当然是否定的。很多时候，你得理不饶人，或许真赢了场面，实则却输了人心。适时地给人一个台阶下，释放出一份好人缘，才能赢得人心，赢得真情意。

我们公司有个"元老级"的同志，大家都叫他"朱大哥"，虽然他做事十分严谨细致，但就是爱拖沓，无论什么工作到他手上，即使是特急的，他也要磨蹭半天才开始慢悠悠地做，弄得大家都很不愿意跟他搭档合作。领导每次有新任务分配，都尽量想办法避开他，给他安排一些无足轻重的绝对不会影响到整个工作进度的工作，如果没有这样的工作安排的话，宁可让他赋闲，也不愿分配任务给他。我们新来的女领导眭经理在上任前就已经略有耳闻朱大哥工作拖沓的"事迹"了，但她也从几位跟朱大哥共事了很多年的已退休的老同志口中得知，朱大哥一直都奉行"慢工出细活"的原则，故无论急活快活他也绝对不急不快，反正他一定要保证质量，绝对不会因为追求速度而降低工作质量。

然而，这是个经济飞速发展的时代，工作效率和工作质量要并存，才能跟得上时代的脚步，跟得上经济的发展速度。眭经理认为朱大哥资格老经验丰富，不让他参与新项目实在是太糟蹋人才了，于是，她要挑战朱大哥的速度，欲想办法在保证质量的基础上把朱大哥的速度给提上去。

一天，眭经理召集所有人召开了一个大会。在大会上，眭经理明确指出，今后的绩效工资不仅跟工作量和工作质量挂钩，还要增加一项"工作效率"，今后她布置的每项工作任务，都会明确标示出完成时间，大家必须严格遵守和执行，若谁没能够按时按质地完成任务，就会扣绩效。眭经理的这个做法，其实之前几任领导也都用过，但是根本就没有办法长期真正执行下去，因为朱大哥每次也都还是拖，每次领导都忍住不扣他的绩效，所以几次下来，这个规章制度就自然而然地作废了。

果不其然，眭经理宣布了这项制度之后的第一个工作任务，朱大哥就没能严格遵守，完成日期到了，可工作还没做到一半。眭经理知道之后，召集大家开了个项目总结会。会上，眭经理宣布因某位同志工作拖延，造成了整个工程项目要往后延的严重后果。尽管她没有指名道姓是哪位同志，可是大家都知道是朱大哥，必定朱大哥是个"老油条"了，这等被领导明示暗示着批评的事情经历得太多了，他根本就不当回事，反正就是不能按时完成，我就是要慢慢地做，怎么着？

　　别以为这样我们眭经理就治不了朱大哥了。眭经理聪明得很，虽然这次大会的最终目的是批评拖大家后腿的朱大哥，可就在会议快结束时，眭经理话锋一转，竟然赞美起我们的朱大哥。眭经理说，这位同志这项工作没有能够按时完成是有原因的，人到中年万事忧嘛，他父亲的身体不太好，需要他照顾，儿子又要准备参加高考了，妻子又整天出差没时间照顾家，他便主动承担起照顾老人和孩子的艰巨任务，由此可见，他是个有责任心、有担当的人，而且，大家也都认同，他向来工作细致认真，时时严格要求自己，他之前完成的每一项工作都是零差错，所以，这位同志的工作能力和工作态度是值得大家肯定的，我们不能够因为一次工作的拖延而对他有看法，我们要主动帮助他，替他分担，和他一起把未完成的工作认真地完成……

眭经理的话，赢得了阵阵掌声，而我们朱大哥的脸，却红得像熟透了的苹果。从那以后，朱大哥工作不再拖沓，不仅能够保质保量地按时完成工作任务，有时还能够提前完成，然后去帮助一些年轻的同志。

朱大哥这个"老顽固"，就这么被我们眭经理的一顿赞美给软化了，不得不说，眭经理的这一招出得真是太漂亮了。患有严重"拖延症"的朱大哥拖慢了整个工作项目的进程，影响了公司声誉，也给同事们树立了一个非常不好的形象，可是眭经理并没有当众狠狠地批评他，而是给足了他面子，帮他找了一大堆使他没能按时完成工作任务的理由，这怎能不让人信服呢？眭经理这次，真是赢得漂漂亮亮的，不仅收复了朱大哥的心，同时还收复了我们所有员工的心，大家都说眭经理是个好领导，是个体恤员工的好领导。

很多人都爱面子，也都很想要面子，你给足了他面子，在他难下台的时候给他一个台阶下，且不说对方知不知感恩，就凭你这个宽容和大度的做法，就能反映出你不一般的气度和素养。别人看得见，也看得明白。想必谁都愿意跟一个在自己碰上难下台的情境时能够伸出"援手"助自己"下台"的人做朋友吧。为人处世，只有目中有人才能够把前路看清，这样自己的人生路才能越走越宽，自己的人缘才会越来越好。

说服是一种艺术，"戴高帽"是实现这门艺术的绝佳方法；

说服也是一种技能，"戴高帽"是掌控这项技能的有效途径。

大千世界，人与人相处，每时每刻都存在着博弈，不是我说服你，就是我向你妥协。想必，大家都不愿意做妥协的那一个吧？那么，我们该怎么去说服别人呢？说服别人又有什么技巧呢？

五·一国际劳动节要到了，总公司机关党委要举办一场"道德讲堂"活动，拟邀请我们局的张副局长上台做演讲，理由是，张副局长家里有个脑瘫女儿，十几年来，张副局长倾尽全力照顾他这个女儿，吃喝拉撒睡，都是张副局长亲自照顾。公司董事们一致认为他是本公司最佳道德模范，故请他将自己这些年照顾脑瘫女儿的事迹用文字写下来，然后上"道德讲堂"演讲，让全公司的同志都向他学习，做一个具有高尚道德情操和品质的、有担当、有责任心的党员干部职工。

当机关党委的王书记打电话向张副局长明确表达董事们的想法时，张副局长毫不犹豫地拒绝了。他不想让大家知道他家里有个脑瘫女儿，不想把自己家里的事情拿到讲堂上来讲，更不想全公司的人看到他艰难的一面，而最重要的是，他觉得照顾自己脑瘫的女儿是他这个父亲应尽的责任和义务，他并没有什么伟大之处和特别之处，算不上什么道德模范，也没什么可让大家伙儿学习的。虽然王书记能够理解张副局长拒绝的心理，但是为了给全公司的党员干部职工树立榜样的力量，他亲自去了一趟张副局长的办公室，用了一个很巧妙的说服方法，把张副局长哄得开开心心的，当即就答应即刻去准备演讲稿。

这个方法便是"戴高帽"。王书记先是将张副局长赞美了一番，然后再给他戴上一顶高帽子，说他是21世纪最典型的新好男人的代表。这话说的，谁听了谁舒服。当张副局长沉浸在戴高帽的愉悦之中时，王书记再说明来意，张副局长哪里还能想到什么理由来推辞，当然是满口答应了。

"戴高帽"确实是一个行之有效的说服人的方法。不过这里所说的"戴高帽"并不是阿谀奉承的意思，而是指给对方戴上一顶"来源于事实但是又高于事实"的帽子。简单来说，就是将事实拔高化，可绝对不是吹嘘或是吹捧。

有个朋友是一家报社的王牌摄影记者，他拍的照片，那真叫一个好。不管什么主题的照片，只要是他拍的，一在报纸上刊登，全国各大新闻媒体都争相转载，而且点击率超高。

十几年来，他每天都奔波在新闻第一线，哪里有新闻哪里就有他的身影。每周他都会推出两到三个版面的专题图片新闻，而且都是好评如潮。不过近几年来，因为年纪渐长，他的身体出了点儿小毛病，加之他又收了一个小徒弟，所以他渐渐淡出了新闻的第一现场，将更多的一线新闻留给他的徒弟，也不再搞专题图片新闻版了。然而，他的徒弟毕竟太年轻，摄影技术还不够老练，新闻敏感度也不够高，报社领导和读者朋友还是希望能够再看到他镜头下生动的新闻画面。为此，报社领导特意安排办公室张主任去做他的思想工作，游说他重出江湖。

张主任年纪不大，三十出头而已，是报社里出了名的"利舌头"，不过我这位摄影记者朋友也不是省油的灯，他可是老资格、老江湖了，什么大场面没见过，什么人没见过，不知道采访过多少名人，跟多少政客商贾是老友呢。说实话，我还真有点儿担心张主任没办法成功说服我的摄影师朋友。可结果，令我很意外。

朋友说，那天他如常去办公室上班，看看稿件，处理处理图片，不紧不慢，不闲也不忙。突然有人敲门进来，他抬头一看，是张主任。张主任进门之后并没有直接进入主题说明来意，而是先跟他侃侃他之前的作品，听他讲讲他在新闻第一现场的故事，聊一聊前些年他跑现场新闻的感受，正当他跟张主任聊得起劲儿时，张主任突然说，那些都是过去的事了，除了回忆就也还是回忆了。很多读者朋友都写信来问，什么时候专题图片版能够恢复刊登，他们可是一天天地在等啊，大师的作品实在太震撼人心了，他们真是太喜欢了，真希望能快一点儿再看到大师的新作。

朋友说，他年纪大了，跑不动了，实在是有心无力了。可是张主任说，他是全区乃至全国摄影界的领军人物，他拍的作品，每一幅都那么震撼人心，都那么传神。他天生就是吃这碗饭的，天生就具备建立属于自己的摄影王国的优越条件，如果他不继续拍摄下去的话，真是浪费了一身的摄影才华。

是的，这么多年来，朋友拍的每一幅作品都凝聚着他的心血，他付出了十多年的努力才取得今天这样还算不错的成绩。现时的他，虽然年纪不小了，但是手脚还是灵活的，筋骨也还是活跃的，难道，自己真的甘心就这么退居二线吗？他一边听张主任说，一边默默地思索着。

张主任还说，只要他再扛起跟他一起并肩作战了那么多年的相机，再回到第一新闻现场，他一定会拍出旷世巨作，一定会有更多更好的新闻摄影作品问世的。之后若是他有新的更好的作品出来，报社会推荐其作品去参加国际新闻摄影作品大赛，相信以他的摄影水平和能力，他的作品一定能够获奖的。张主任说到这里，朋友整个人都要飘起来了，跃跃欲试之感早已弥漫他整个心间。就这样，我朋友被一顶"可能获国际大奖"的帽子给扣住了。之后就是义无反顾地奔赴在新闻的第一现场。

说服是一种艺术，"戴高帽"是实现这门艺术的绝佳方法。

说服也是一种技能，"戴高帽"是掌控这项技能的有效途径。

没有人不愿意被"戴高帽"，也没有人能够抵挡得了"高帽"这枚糖衣炮弹的袭击。只不过，我们在说服别人时，在给说服对象"戴高帽"时，一定要基于"来源于事实"这个大原则，切不可胡编乱造肆意吹嘘乱捧，不然帽子戴不成，事情也办不成。

人不是独立存在的个体，人是有社会环境做大背景的。为了更好地适应大环境，为了更好地生存，我们必须要学会"看菜吃饭，量体裁衣，见什么人就说什么话，到什么山就唱什么歌"。

"见人说人话，见鬼说鬼话。"这句话，听起来似乎有些讽刺的意味，可是细细想来，又不无道理。我们在跟一个人进行沟通交流之前，一般情况下，都会先弄清楚对方的基本情况，比如年龄、性别、职务、性格、爱好等，这样才能更好地确定与之谈话的主题、腔调、词汇以及谈话时间的长和短。

总不能跟领导汇报工作时洋洋洒洒地说个不停吧？总不能跟合作单位代理人洽谈业务的时候阴阳怪气的吧？总不能询问

孩子的老师孩子的学习情况时一副上级对下级的口吻吧？"见什么人说什么话，到什么山唱什么歌"，是一种说话的艺术。你去跟食不果腹的人谈奢侈品，人家不给你白眼才怪呢。你去跟高官厚职的人谈社会的不公，人家跟你有共鸣才怪呢。你去跟病入膏肓的人谈养生谈健身，人家能跟你好好地聊下去吗？

说话一定要看清楚对象，搞清楚什么人可以交心，什么人不可以交心，什么人可以畅所欲言，什么人说话要避忌三分，切不可跟谁都掏心掏肺，跟谁都自以为很熟络似的。这个社会，人心叵测，陷阱太多，说话做事都还是小心点儿为好。

隔壁办公室新来了个小姑娘，长得蛮精灵的，可是一开口说话便招人嫌，因为她说话从不看对象，也从不经大脑思考，自以为是的很。记得她第一天来单位报到，办公室里的大姐们礼貌性地问一下她家里的情况，她大可以简简单单地说一两句应付就是了，然而，不知道是说她天真呢，还是她真的很没什么涵养，竟然顺着大家的话题，把她家里的高官权贵亲戚都数了一遍不止，还把自家有几套房坐落在哪儿都清清楚楚明明白白地讲了出来，这不是招人笑话吗？

再者，即使是老同学老朋友，说话也不能不顾对方的身份和地位，也要权衡再三，思考再三才能"脱口而出"，不然不但不会加深情谊，反而会破坏彼此的情谊。毕竟，这个社会是网状社会，人际关系是一笔巨大的财富，管住自己的嘴，控制好自己的嘴，让自己多个朋友总比多个敌人好。

有位二十年没见的老同学张数突然回来了，约我们几个当年玩得比较好的同学一起出去吃晚饭。临出门前，好姐妹万飒给我打电话，问我去不去。我说当然要去了，难得老同学千里迢迢来南宁看我们，我们怎么能这么不给面子呢？可是万飒说，那么多年没见了，也不知道他现在是个什么情况，贸贸然见面，真不知道说什么。

我知道万飒担心的是什么。当年，张数同学离开我们的时候，十分悲壮。某天放学路上遇到一伙小混混欺负隔壁班的一位女同学，他毫不犹豫地上前阻止，结果被小混混们打得体无完肤，尽管如此，他还是成功地救了那位女同学。可是，却因此跟那些小混混结下了梁子。那些小混混三天两头到学校门口挑衅他，起初他选择忍让，后来实在忍无可忍了，就跟小混混们来了一场大混战，结果被学校勒令退学。我们含泪送他离校时，他安慰我们说，没事的，总会有学校收他的。然而由于记录不良，本地的其他学校都不敢收他，家人只好把他送到其他城市的全日制封闭式的学校就读。

他走的那天，谁也没告诉，待他所乘坐的火车开了几天了，我们才从他父母口中得知。一个十三四岁的少年，独在异乡为异客，没有亲人和朋友在身边，是怎样的孤单，怎样的寂寞？于是，他开始放纵自己，不再好好学习，成绩一落千丈，还开始怨恨社会，怨恨家人。后来初中毕业，家人实在管不了他了，就把他送进了军营里磨炼。再之后，他们全家都搬离了我们所在的城市，我们也再无张数的消息，他也不再联系我们。

直到前几年，张数从茫茫网海中找到了我跟万飒的联络方式，有一搭没一搭地跟我们闲聊，我们只知道他在深圳生活，具体生活得怎样，我们没问，他也没说。我跟万飒都没想到，有一天他会突然回来找我们。

说实话，我还是很期待跟他见面的，毕竟，相识是缘，相聚也是缘，更何况，我们之间的缘分持续了将近二十年。不过，在见他之前，我内心也还是有些忧虑的，正如万飒所说的，那么久没见了，还真不知道该聊些什么，又从何聊起。"如果，他现在混得不好的话，我们就只聊当年的开心往事就好，其他的避而不谈。"在去的路上，万飒如是建议，我表示赞同。

可事实是，我们真是想太多了。我跟万飒刚一进饭店，衣着光鲜亮丽的张数看到我们，首先给了我们一个大大的拥抱，然后是送给我们每人一大包某品牌的化妆品。原来，张数现在可是某进口化妆品的全国总代理商。在深圳他注册了公司，除了化妆品，公司还代理多个国际品牌的服装、生活用品，他身家之丰厚是我们所预料不到的。

"张数似乎不太愿意谈过去，我们一进来到现在，不停地在干杯说客套话，对当年之事只字未提。我们是不是得找点什么其他主题跟他好好聊聊啊？"席间，万飒小声地问我。我小声地回答她说，张数现在已经是成功人士了，当年他的那些事，与他现时的身份地位严重不符，我们不要去戳他的痛处，最好是跟他聊他的当下或者是创业的过程，想必这些才是他想要跟我们畅所欲言的。

结果还真是这样，万飒一把创业的话题抛出来，张数就打开了话匣子，不停地诉说着他这一路走来的艰辛，大家在感慨张数获得今天的财富和社会地位十分不易的同时，也感慨自己这些年所付出的辛勤汗水，这个话题简直就是引起了所有在场同学心灵上的共鸣，使我们几个老同学的相聚在一片和谐声中圆满结束，大家的友谊经过一晚的畅聊，更上了一层楼。

人不是独立存在的个体，人是有社会环境做大背景的。为了更好地适应大环境，为了更好地生存，我们必须要学会"看菜吃饭，量体裁衣"，见什么人，思索着说什么话，到了什么山，就思索着唱什么歌，千万不可随着性子想怎么说就怎么说，想怎么唱就怎么唱。

4　高情商的女子，绝对是打"圆场"的高手

在与多人打交道的过程当中，难免会出现一些尴尬的场面或是僵局，这就需要有一个人出来打圆场，调气氛，破僵局，而高情商的女人便是最好的人选。

人和人打交道，不仅仅是"一对一"，更多的时候是"一对多"。在与多人打交道的过程当中，当大家聊到一些敏感的话题时，总会有些人意见不合，然后就会有人出言不逊，甚至含沙射影指桑骂槐，这个时候，就需要有一个人出来打圆场，调节一下气氛，或说几句幽默的话博众人一笑，打破僵局，或巧妙地转换话题，把人往轻松的话题上引，又或者想办法尽快

结束本次面谈，避免双方唇枪舌剑针锋相对。

　　隔壁家的苏小妹跟男朋友小王谈了几年恋爱感情稳定，现在正商量着今年把婚事给办了。苏小妹的父母要求小王家的直系亲属全都登门来提亲。上周末，小王的父母加上他的大哥大嫂和两个姐姐姐夫一家小十口浩浩荡荡地带着聘礼来到了苏小妹家。苏小妹的叔叔，似乎不太喜欢小王，对提亲队伍百般刁难，不是要求聘礼增加一倍，就是要求婚宴席开百桌，更离谱的是，他要求小王家准备好独栋别墅和百万豪车才让苏小妹跟小王去登记。小王家虽然经济条件不错，哥哥姐姐们也可称得上是中产阶级，或许举全家之力拼拼凑凑然后再贷点款买个独栋别墅和买辆豪车还是勉强可以做得到，可是凭什么？凭什么小王和苏小妹结婚要全家劳师动众地为他们准备好一切？难道他们二人结婚之后不可以自己打拼赚钱来买别墅和豪车吗？故小王的家人对此条件非常不满，苏小妹的叔叔一开口就被小王的父亲给委婉拒绝了。可苏小妹的叔叔不罢休，罗列了一大堆要小王家这么做的"歪理"，苏小妹的父亲坐在一旁，想打断吧，又不好意思开口，毕竟自己的亲弟弟也是为自己的女儿好。身为晚辈的苏小妹更是不好插嘴，只能坐在一旁干着急。小王更是急得像热锅上的蚂蚁，生怕这门婚事给谈崩了。

果不其然，在苏小妹叔叔继续眉飞色舞地发表"高论"时，小王的大哥实在忍不住了，大声问他："你们家是在卖女儿吗？如果是的话，我们砸锅卖铁也会按照你们的要求办。"此话一出，在场所有人的脸都黑了下来，苏小妹父亲和叔叔的脸更是黑得像块木炭。现场的空气顿时凝结了，气氛真是尴尬得不行。这时，小王的大姐不紧不慢地说了这么一句："小苏生于知识分子之家，早就耳闻小苏的父母是优秀的大学教师，人品师德可是一流的。我想叔叔阿姨在教育孩子上也是一流的吧。年轻人，就该让他们自己去拼拼，闯闯，什么别墅豪宅名车的，我们相信，不久的将来，他们绝对能够靠自己的双手挣得的，你们说是不是？"苏小妹的叔叔听罢这句话之后脸一阵白一阵红的，苏小妹的父亲赶紧回应说："当然，当然。"就这样，小王大姐的一句话就打破了这个僵局。

　　小王的大姐"善听弦外之音，会传达言外之意"，巧妙地用一句话化解了一触即发的"舌战"，解救了一场高能预警的提亲危机，"如此能调剂场面的女人，必定是个高情商的人。"我家黄先生是这样评价小王的大姐的。

　　高情商的女人在社交场合中，极为适合做"润滑剂"。很多过头的隐晦的话，男人不太好说，不管是面子问题还是男人的性格问题，反正由高情商的女人把那些话说出来，不但不会加深矛盾引起舌战，反而会起到终止舌战的作用。同理，"打圆场"这事，如果也由高情商的女人来做的话，效果会更佳。男人比较冲动，女人比较理智，男人比较霸气，女人比较娇柔，很多僵局或是尴尬的场面，由似水柔情的高情商女人出来打圆场，是绝对能够镇得住场面，挽得回大局的。

上周我们部门一行人远赴某市搞课题调研活动，期间受兄弟单位的邀请去该单位搞联谊活动。白天开座谈会、打气排球，大家相处得还算挺融洽。可是到了夜幕降临晚饭即将进入尾声时，兄弟单位的领导突然提议两单位的同志一起去吼吼歌运动运动嗓子。说实话，我们谁都不想去，包括领导在内。别说现在正是整顿"四风"的关键时期，即使不是，我们这些文人墨客空闲的时候喜欢看看书写写字或者三五几个文友聚在一起喝喝茶聊聊天，卡拉OK厅实在是太吵了，我们不太受得了，所以极少去，何况大家白天都累了一整天了，晚上都想回酒店好好休息一下。为此，领导比较委婉地拒绝了兄弟单位领导的盛情邀约，可是对方正在兴头上，不停地在游说大家一起去，我们领导挡了一两个回合，对方似乎有些不太高兴了，大有不去不给他面子的意味，搞得在座的各位同志都挺尴尬的，我们领导更是心底压了一团怒火。见此情景，未免伤了两单位的和气，秘书"挺身而出"救场。她偷偷发了条信息让她家先生即刻给她打电话，电话一响，她立马跑出去接。接完电话回来，一进门她便匆匆奔到我们领导旁边小声说："我们上周送出版社审的那本论文集被打回来了，有很多内容需要核实修改，出版社那边要求我们这两天必须把修改稿发过去，不然书号就不能在这个月批出来了。"领导皱着眉头，一脸忧心地说："书号这个月出不来的话，又要等下一个月，那我们就赶不及在8月初搞新书首发式了。""这样的话可就麻烦了。"秘书想了想说，"要不我们现在就回酒店加班吧，大家都把电脑带着的，我们大家尽量争取时间把稿子修改好发过去。"一听到"回酒店加班"这几个字，我们大家像是领到了赦免金牌一样，立马提起精神，一副随时进入备战状态的样子。领导点点头表示支持秘书的建议。秘书得到了领导的首肯，抱歉地对对方领导说："真是不好意思，今晚的联谊活动，我们恐怕是不能参加了，临时有急事要回酒店加班，下次，下次有机会，咱们再好好聚聚，好吧？"对方领导虽然不是很想放我们走，可是工作重要，他也不好硬拉我们去"练嗓子"，只好一脸不情愿的送我们回酒店去"加班"。

领导秘书就这样完美地把我们整个部门的人从"水深火热"之中救了出来，领导对她高度赞扬，我们也对她刮目相看。平时她看起来只不过是个小女人，没想到关键时刻，却涌现出了大管家的大智慧，从此之后，大家对她是敬重有加，上至领导下至普通同事，都十分喜欢她。

善于打圆场的高情商女人，人人都喜欢，人人都待见。如果你是这样的女子，你的领导必定步步高升，你的爱人必定终生幸福，你的朋友必定相识满天下。而身为主角的你，自然也会事业和家庭都红红火火，友情和爱情均和和美美。

拒绝并不难，难的是怎么"包装"你的拒绝

该拒绝的时候一定要学会拒绝，只是在拒绝的时候，要讲究方式方法。所以我们务必要学会包装自己的"拒绝"，让彼此都有台阶下，并且不会因此事而感到尴尬。

碍于人情世故，很多人不会拒绝，甚至不敢拒绝，生怕拒绝之后，情谊没了。碍于级别关系，很多人不能拒绝，也更加不敢拒绝，生怕拒绝之后，工作没了。可是，是不是所有事你都能做，也都做得到呢？朋友请你帮的忙，你一定帮得了吗？领导叫你做的事，也都一定办得到吗？若是答应了，结果帮不了，办不到的话，不是也会影响彼此的情谊吗？不是也会得罪领导吗？那么到底该怎么办呢？

一句话，该拒绝的时候一定要学会拒绝，只是在拒绝的时候，要讲究方式方法。

我们单位有个门卫师傅，他常常以没带钱包或是没有现金等理由向公司的同事借点儿小钱，即借一两百元那种。因为金额较小，被借钱的人很容易就忘记了，而借钱人又基本上不会主动还钱，所以借了之后基本上都是不了了之。如果哪天被借钱人突然想起来了，向门卫师傅"追债"，他又会以各种理由推脱，反正不还就是了。他这样今天向一两个同事借，明天又问一两个同事借，一个月下来，也借了不少钱了。

尽管大家都很体谅他工资比较低，生活较为困难，但是以这种方式来"圈钱"，大家是非常不满的。我也曾经被他借过几次，后来跟同事们聊到这事，大家一说开来，才知道他是个惯犯，之后我就告诉自己，不管下次他再以什么理由向我借钱，哪怕只是借二三十元我也不能再借了，不能助长他的这种歪风。

那天，下班从门口走过，那位门卫师傅把我叫住，可怜兮兮地问我身上有没有一百元，他说待会儿下班了要买米回去，正巧今天又没带钱出门，让我先借给他，明天就还。我伸手进包里掏了掏，然后很遗憾地告诉他，很不巧的，今天我也没带钱包。不过为了能够帮他解决问题，我给他想了个办法，我说，您真的急需用钱的话，可以到二楼财务室去借一百元，手续很简单，只要写一张欠条，第二天您还钱时把欠条拿走就行了，要是您一不小心忘记了还钱，没关系，下个月发工资的时候会计直接从您工资里扣就行了。结果，门卫师傅当然是没有去财务室借钱了，我也顺利地逃过了一劫。

其实，拒绝并不难的，不想帮不值得帮，不想做不值得做，帮不到也做不到的话，想办法拒绝就行了。这里所说的"想办法"，意思是"包装"你的拒绝，让彼此都有台阶下，并且不会因此事而感到尴尬。

不知道大家有没有过这种经历：有亲友向你借车，借出去时完好无损，还回来时就各种问题。曾经有个亲戚借我的车开去外地旅游，还回来的时候车子被刮花了好几处不说，还有好几单超速罚单，我以为他会帮我把问题都给处理了，谁知道人家说，谁的车谁负责。好吧，我当时心里只有一个想法，幸好人没事，不然倾家荡产我也负不起责。从此之后，对于开口向我借车的亲友，我第一反应就是：不借。可是，总不能直接跟人家说我不想借吧。

一次，有个朋友准备到乡下摆喜宴，说我的车是大红色的，又够气派，所以向我借车开到乡下去做迎亲队伍的头车。人家办喜事问我借车，我若拒绝，似乎太不近人情了，可不拒绝，有前车之鉴，我又不敢冒这个险，真是左右为难。后来我仔细想了一下，最后的决定还是不借。不过我是这么跟那位朋友说的："车子我就不借给你开回去了，你摆酒的前一天，我自驾去你家乡，第二天我做你的头车司机，连人带车一起出席你的婚礼，够朋友了吧？"朋友听罢真是喜出望外，他说本来就想请我去乡下参加他的婚礼，但是因为路途遥远，不好开这个口，没想到我自己提出来要去参加，他实在是受宠若惊。

是的，拒绝真的没有那么难的，难就难在怎么"包装"你的拒绝，怎么能够做到拒绝得不伤一点儿感情。

有个姐妹妮娜有段时间很苦恼，因为她青梅竹马一起长大的邻居家小哥哥，默默地喜欢她二十年了。本来妮娜傻傻地不知道这事，一次她跟男朋友在楼下闹分手正巧被刚下班回家的小哥哥看到。从此之后，小哥哥就有意无意地在她面前出现，去上班时偶遇，下班回家又不小心在小区门口偶遇，偶遇的次数太多了，妮娜就开玩笑地问小哥哥，你是不是故意的啊？你暗恋我啊？小哥哥的脸，当时红到了耳根。妮娜顿时感觉自己的玩笑似乎开大了。之后的几天，妮娜搬到朋友家暂住，故意避开小哥哥，谁知久等了几天都不见妮娜回家的小哥哥竟然拍了一段表白视频发给她，告诉她这些年他都在默默地关注着她，希望她能够做他的女朋友。妮娜看了之后真是忧心不已，她是真的从小到大都不曾对小哥哥有半点儿爱慕之心，故不知该怎么委婉地拒绝他而又不伤害彼此的邻里间感情，她本来想不回信息的，就当什么事也没发生，什么视频也没看到。可是想想，不拒绝，给人留有幻想又不好，故向我求助。

　　我建议妮娜也拍一段视频发给他，告诉他，自己跟男朋友虽偶有吵嘴但感情还是比较稳定的，很快他们就要登记结婚了，希望他能够祝福他们，相信很快他也会找到属于自己的另一半的。妮娜将拍好的视频发给小哥哥之后，他回复了一句：祝你幸福！然后两人很长一段时间都不曾见面，也没再联系。前几天，妮娜跟老公也就是当时的男朋友逛商场的时候碰到了小哥哥，小哥哥牵着一个漂亮女人的手先跟她打招呼，还开心地向她介绍身旁的漂亮女人就是自己的新婚妻子，妮娜真是替他高兴，还好当初自己选择了委婉地拒绝，不然两人再见时就根本没法友好地打招呼了。

　　拒绝，其实也是一种交际的艺术。怎样委婉地拒绝，但又不破坏友好的关系，不影响彼此的情谊，值得探讨，值得思索。还是那句话，该拒绝时千万不能心软不拒绝，拒绝时又务必要注意把握方式方法，千万不可直言不讳地说"不"。

聪明女人的说话之道

6 话不投机半句多，及时转弯处理不小心的尴尬

"酒逢知己千杯少，话不投机半句多。"是一种生活的常态。知己实在是难寻，话不投机者又随处可见。遇见此类人，惹不起就躲，及时转换话题避免留下尴尬。

"酒逢知己千杯少，话不投机半句多。"是一种生活的常态，后者更甚。

知己实在是难寻，所以很多时候，我们遇到的都是话不投机之人，如果仅是工作业务上有联系的话，有事说事就好，不必深交，就没有那么大的压力。可事实上，生活中遇到这样的人更多，有亲戚，有同学，有邻居……大家能够相聚在一起确实是一种缘分，但是这缘分背后，又隐藏着些许的无奈，明

明你跟这个人不是一个道上的，聊不到一块儿去，却偏偏还要相处，还要坐在一起聊天，怎么办？聊不下去的时候，大家多尴尬？你总不能跟人家说，咱们看法不一样，想法不一致，不聊了，散了吧，这样多伤感情。毕竟相识一场，这样做肯定欠妥，那到底该怎么做呢？

昨晚家里来了个客人，是我家公公的旧邻居。据说他曾是某国企的老总，不过已经退休十来年了，什么关系网都断了，可他还一副国企大老总的牛气模样，去哪儿做客都趾高气扬的。晚餐的时候，他要我家黄先生向他敬酒，我家黄先生向来是不沾酒的，因工作需要二十四小时候命，故婉言相拒，旧邻居却不理解这样的规章制度，不停地在劝酒，且一边劝还一边批判制度不近人情，搞得我家黄先生都不知道该怎么接话了，公公在一旁也左右为难，想帮自己儿子打圆场，但是又想不到好的办法，只能干着急。听公公说这位旧邻居有一对双胞胎孙子，跟他聊儿孙话题应该会有共鸣吧。想到这，我赶紧装作不经意地问他，两个双胞胎孙子多大了？他果然对这个话题感兴趣，马上接过我的话说是他跟老伴儿从小把两个小牛仔子带大的，很辛苦，但是他觉得值。接下来，想必大家也猜到了，他跟我家公公进入聊孙模式，我则跟我家黄先生默默移步一旁……

在与话不投机者聊天时，如果不及时插入新的话题，把对方带离原来的话题，一旦对方想更加深入地跟你聊下去的话，很可能会引起矛盾冲突，轻则双方起争执，重则可能会动起手来。我们绝对不能让这样的事情发生，必须要想到一个好办法来处理这等事件。而及时转换话题，处理不小心的尴尬，是面对话不投机者所采用的最佳方法。

有个同事叫小敏，每次大家跟她聊天，心底总会压着一团火，跟她真的是不在一个频道上，永远没办法聊到一块儿去。

那天，我们聊到人生观和价值观时联想到本公司一位开法拉利来上班的年轻女同事小张。小张的父母经营着一家全国连锁超市，家里资产至少有九位数，她是家里的独女，想必将来偌大的家业都是她来继承吧。小敏说，像她那样拥有几辈子都花不完的财富的二代孩子，就不应该出来工作，就该满世界地购物、旅游，或者每天开着豪车四处游荡。可是另外几个同事都觉得，小张家里这么有钱，她还起早贪黑地跟我们一起工作，其目的就在于实现自我的人生价值，整天吃吃喝喝玩玩，那样活着能有什么意思？小敏反驳说，小张家里每天的收入比小张十年的工资收入还要高，她何必要浪费时间来跟我们一起工作呢？简直蠢到家了，多少人几辈子也修不来这样的福气呢。到底是小张蠢呢，还是小敏的价值观和人生观有问题？同事们开始跟小敏就此问题大声争论起来，你一言我一语的。我见势不妙，赶紧把话题岔开，问大家"该不该没收老公的工资卡"这样一个更有聊点的话题，才顺利平息这场"唇枪舌剑"。

还有一次部门同事聚餐，当时领导也在。不知是谁开了个头，聊起了生养和教育孩子的问题。我们部门除了小敏已婚未育和同事小王未婚外，上至领导下至其他同事都是当了爹妈的人，领导还父兼母职照顾家里的一双儿女，不知道有多辛苦。所以大家对这个话题是兴致盎然的，聊得不亦乐乎。突然，小敏抛出一个问题：孩子多少岁可以自行上学放学不需接送？领导的儿子，整个小学时代都是他管接管送，他说路上车多人多，不太放心让孩子自己一个人上下学，故足足辛苦了六年又接又送的。同事小黎说，她的女儿现在上三年级，她也是每天接送，女孩子嘛，放午托晚托都不放心，等初中高中了再考虑让孩子自己去上学。我的女儿才5岁，上幼儿园，自然需要接送了，我说估计我家小朋友小学六年也是要接送的。小敏似乎有些吃惊，她说，你们家斜对面500米就是个小学，这么近，还需要接送？我说当然要了，现在这个社会，人贩子那么多，不接送心里始终会不安的。而小敏接下来说的那些话，真的是让我和同事们窝火。她说，她们小时候学前班都开始自己上学了，现在的孩子，有那么金贵吗？小黎回答她说，这不是金贵不金贵的问题，这是安全问题。生养一个孩子不容易，出了点什么事，该如何是好？大家都支持小黎的说法，可是小敏却带有讽刺意味地说了这么一句："你们有空就接就送呗，最好是接送到大学毕业。"这句话直接惹火了小黎，她直接站起来瞪着小敏道："话别说得太过分了，你还没孩子，不知道身为家长的担忧，等你有了孩子我看你还说不说这样的话。"小敏被小黎这样一瞪一塞，哪里气得过，也站起来反瞪道："别以为你们这样接接送送的就能保证孩子的安全，飞来横祸懂不懂？要发生意外，谁接都有可能发生。"小敏这句话简直是戳中了所有当了爹妈的同事的泪点。说实话，我都觉得小敏这样说话实在是太过分了，大家都想加入小黎的阵营跟她一同与小敏理论，但是同事一场，抬头不见低头见的，没必要将同事关系搞得那么僵，所以，我在小黎准备发飙奋起反抗之前站了起来，主动向领导汇报上一阶段的工作情况，同事们瞬间进入回忆状态，小敏和小黎见状即刻收声，不再针锋相对。

120

工作生活离不开交流，人和人相处离不开交流，话题投机聊个三天三夜都聊不完，可是话不投机真是半句都嫌太多。遭遇第二种情形时，大家此次相见之后若是再无交集的话，保持沉默让尴尬存在都问题不大，如若日后还有交集的话，只能及时转换话题免伤和气，以避免下次见面尴尬。

聪明女人的说话之道

CONGMINGNÜRENDESHUOHUAZHIDAO

　　聪明女人游走于社交场合都会随身携带一个绝密的武器，即"以情动人，以诚动心"。在与人交往的过程中，用"情"字来打通对方的任督二脉，比任何利器都管用。

　　聪明的女人，是社交场合的宠儿。为什么这么说呢？因为聪明女人游走于社交场合时随身携带着一个绝密的武器，这个武器可以调剂人际关系，可以将不和谐的因素变成和谐的因素，将陌生人变成熟识的人……

　　大家一定很好奇这个绝密武器是什么吧？八个字：以情动人，以诚动心。

　　海澜产假即将结束，按理说她应该按时回公司上班的，可是她却想再休半年的假。因为她的小宝宝一出生就发现手脚在娘胎里受到挤压有些变了形，医生建议她每天带孩子上中医院做康复治疗，家里老人其实是可以每天带孩子去做治疗的，但是她不放心，还是觉得亲自带去做治疗要好些，故到单位跟领导申请半年的假期。领导虽然很同情她家小朋友的遭遇，可公司有公司的休假规定，若是给她开了延长半年产假的先例，以后全公司所有育龄女同志都"依葫芦画瓢"的话，公司还怎么生存和发展下去？领导只能委婉地拒绝了海澜的请求。海澜被拒绝之后并没有马上离开，而是指着领导办公桌上一家四口的相片问领导，他的大女儿兔唇是不是一生下来就发现了，然后没有得到及时的治疗？这一问，戳中了领导心中永远的痛，领导微微点点头，一言不发地看着相片思索着什么。海澜知道，此时领导的心应该是最脆弱的，这个时候跟他打感情牌赢的机会最大了。于是，海澜红着眼抹着泪说，孩子的健康问题牵扯着父母的心，没有哪个父母不希望自己的孩子健健康康地成长的，可是总有那么一些病痛侵扰着我们的孩子，我们能做的，就是积极地配合医生的治疗，希望能够尽最大的努力弥补孩子。领导的心被海澜的话触动到了，要知道，二十多年前他女儿在小县城里出生的那一刻，他就想要把女儿的兔唇给治好，可惜他当时没有足够的经济条件把孩子送到大城市治疗，加上那时医学条件也不够发达，医学技术也不够发达……想想自己当时的无奈，再想想海澜现在的无奈，领导最终同意海澜续请半年的假，不过为了堵住其他同志的嘴，领导在海澜的请假条上批了这么四个字：无薪留职。有没有薪水都不重要了，重要的是海澜多了半年的时间来陪伴孩子度过最艰难的治疗时期。

幸好海澜懂得适时地抓住"动情点"来打感情牌，以诚心唤起领导情感的共鸣，最终达到请假的目的。

情感，是一把披荆斩棘的利剑，能够斩断一切不和谐的因素；情感，是慰藉心灵的一颗良药，能够治疗一切伤和痛；情感，是一双能够跋山涉水的鞋，能够带你走上"康庄大道"。我们有求于人时，或是在商洽业务时，如果能够抓住对方的情感弱点进行"情感游说"的话，达到目的绝非难事。

我家孩子明年就要上小学了，为了给孩子一个良好的学习环境，我们夫妻俩商量了之后决定在我市数一数二的某小学附近买一套二手的学区房。学区房的价格普遍偏高，这点我们夫妻俩是早就做好了心理准备的。可是没想到连看了几个楼盘，都是业主直接把价格标超了市场价的三分之一。房产中介跟我们说，价格还可以稍微洽谈一下，降价的幅度还是有的，只是降幅可能不会太高。他让我们先选房，选好了哪套房再跟业主好好沟通沟通。我们选了大半个月，最后选中了一套四面采光的，但是价格也还是有点儿高。高就高吧，先跟业主见了面再说。

那天，跟业主约好了在房产中介公司见面，都过了约定时间半个小时了，业主才火急火燎的抱着一个三岁的孩子赶来。他解释说，小孩子耍脾气，没办法按时出门，所以迟到了。起初我对业主的解释并未在意，一心只想着一会儿谈价的时候该如何砍价。

我家黄先生先跟业主谈了一下房子的情况，把建筑面积和使用面积等基本数据进行了核对，同时也查看了房产证，确定坐在对面跟我们洽谈的是业主本人，这才进入最关键的谈价环节。业主通过中介方放出的价格怎么也不肯少，而且还要求我们交完所有的税率，连中介费他也要求我们全部支付。我家黄先生当然不肯了。一般情况下，中介费是买卖双方各支付一半的。因二手房交易所要缴纳的税率实在是太高了，故黄先生提出双方各付一半，然后希望业主将房价再降一些。中介也表示，大家诚心合作，就各让一步，以促成这笔买卖。可是业主就是不同意，硬是一分都不肯少，还必须要我们答应他提出的所有条件。

　　我心想，再这么谈下去，估计是谈不拢的。突然，我灵光一闪，想起了业主怀里抱着的那个小宝贝。她比我家小姐略小几岁。于是，我问业主当初买这套房子是不是想让孩子读附近的那个好学校，业主点点头。然后我又问他，那现在为什么要卖掉呢？你们家小朋友过两年也要上小学了吧？业主说，他跟老婆的单位都搬到新城区去了，住在这里去上班实在是太远了。而且新城区那里也有一所很好的小学，所以他们就在那个小学附近买了一套大一点儿的房子，把老人家也接过去一起住，有老人接送小朋友，他们上班又不远，这样幸福指数能高一点儿。房子买大了，自然价格就高了，他们不想负担太重，就想把原来住的这套房子给卖了。我说，我们来这里买房，也是因为单位搬迁了，孩子只能读就近的学校。既然我们大家目标一致，都是希望孩子好，希望家庭幸福，交个朋友，给个友情价，以后大家可以守望相助。业主听我这么一说，口气慢慢软了下去，我又多说了几句敲敲边鼓，他思考了一会儿，接受了我家黄先生之前开出的条件。就这样，我打出的这一手"情感牌"顺利促成了这单买卖，简直就是双赢。

　　怎么样？会出"情感牌"，是不是诸事都会顺利一些呢？

世间最难过的关是情关，最容易过的关也是情关。在与人交往的过程中，用一个"情"字来打通对方的任督二脉，比任何利器都管用。所以，做个聪明女人吧，随身带一把"情感"利剑。

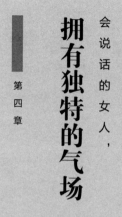

会说话的女人，

拥有独特的气场

第四章

会说话的女人，拥有独特的气场。

她可以掌控全局，

可以扭转尴尬局面，可以化干戈为玉帛；

有着宽容豁达的心胸，有着大气万方的行事风格，

能在言谈之中传达生命的真谛……

1　好口才，是成功女人的必备武装

　　人与人交往，最直接的沟通工具便是语言。拥有一副好口才，是成功女人的必备武装。绝大多数成功的机会都是降临在才干和口才兼备的女性身上。

　　人与人交往，最直接的沟通工具就是语言。如果你有一身的才干，但是却没有好的口才来推销自己的话，很可能怀才不遇，要知道，人的才干是可以通过口才表露出来的。

　　表妹花拉从三岁时就开始学美术了，读书期间，每逢美术大赛，她都积极参加，且每次都能够拿金奖，大学学的又是设计，一毕业就去国外读硕士。家里人都说，像她这么优秀的人才，硕士毕业回国之后，必定会高薪厚职，前途无量。结果事实却不遂人愿。她回国之后，发了很多封求职信出去，却都无人问津，招聘会她也去参加了，但是没聊几句人家就让她回家等通知，结果一天两天三天四天……无数天过去了，都没人通知她去上班。她为此很忧伤，觉得自己空有满腹才华却不得施展，读了那么多书有什么用，学了那么久的美术又有什么用？我觉得花拉之所以毕业后没能将自己的才华"卖"出去，原因肯定不在于她不能干，而在于她没有好口才推销自己。

我问她，在招聘会现场面试的时候，有没有大力推荐自己及自己的作品？她说没有，对方问她什么她就答什么，甚至都没把自己简历后面附的优秀作品递给对方看。这怎么行！招聘会现场那么多人，为什么要人家一眼就相中你？所以，你必须将你的才华淋漓尽致地表现出来才行。现场作画或者设计个东西这些都不太现实，最现实的就是用好你的那张嘴，大胆地展示你的好口才。说说你的获奖经历，说说你那些优秀作品的构思经过，甚至拿出自己的得意之作积极地向对方展示，这些都能够让对方增加对你的印象，让对方通过你的言语表达对你有一个大致的了解，之后才能更好地判定你是不是他们所要找的人才。花拉在我的指导下，加强自己的口才训练，在家"临时抱佛脚"模拟各种招聘会现场的情形练习了多日，最终在一次招聘会上"杀出重围"顺利地被一家外资企业看中，直接被招进了设计部。

别总说伯乐少，伯乐其实很可能就隐藏在你的身边，他可以通过观察你的言行和谈吐来决定你是不是一匹可以驯养的"千里马"。要知道，好口才可是成功女人的必备武装。绝大多数成功的机会都是降临在才干和口才兼备的女性身上。

丽丽是个小说家，她一直有个愿望，就是希望自己的小说能够改编成影视剧。写小说的人千千万万，别说各地作协会员这些正规军了，现在的网络作家铺满天，小则十一二岁，大则二三十岁，老则六七十岁的都有，除了那些比较有名气的，写的故事也确实很有深度和内涵的老派作家的小说作品能改编成影视剧之外，网络上点击率非常高的网络小说作品也有可能会被影视公司选中买下影视版权改编成影视剧。

丽丽是只活跃在本地且名气较小的作家，发表在网上的小说作品点击率又不高，一般来讲是很难被影视公司发现和选中的。那怎么办呢？总不能就这么默默地写着，默默地等待着天上掉下个大馅饼吧？丽丽说："我一定要争取机会把自己的小说推送出去，希望有一天能让我的读者朋友看到他们喜欢的小说作品被改编成影视剧然后在全国上映。"

大家知道丽丽是怎么争取机会的吗？说难不难，但是说简单也不简单。她搜集了全国各家影视公司编辑的联系方式，包括QQ、邮箱、微信和电话。她先是加了各个影视公司编辑的微信，一个一个地联系，每天都会跟人家打下招呼，跟人家聊聊对方公司新出品的影视作品，聊着聊着就开始发散思维聊些其他的，一来二去就跟人家的编辑成了无话不聊的好朋友。不过，这只是第一步。第二步，就是电话联系。这才是考究她功夫的关键一步。她逢年过节给编辑打个电话，送出祝福之余主动聊下自己的作品，为了让对方对自己的作品产生兴趣，她甚至利用业余时间去做了大量的市场调研，将所得到的数据告知对方，几次下来，对方就有些心动了，于是自己就派人去做市场调查了。

丽丽还有第三步要走。那就是尽量抽时间去参加一些书稿和影视剧本的交流会，去跟一些影视公司的负责人见面。这是考究丽丽口才功夫最重要的一步。今年年初，丽丽就去了北京跟几家影视公司的负责人见了面，虽然并未谈成什么改编项目，但起码交了朋友，指不定日后就会有机会合作呢。我很好奇她跟那些从未谋面的影视公司的负责人都聊些什么，难道一见面就一味地推荐自己的作品？这样"单刀直入"的沟通方式不太好吧？丽丽说，当然不能那么唐突了。她是本着交朋友的目的前往的，肯定首先得跟人家聊些轻松且对方感兴趣的话题，在对方兴致盎然的时候，再蜻蜓点水似的推推自己的小说作品，让对方有个大概的印象，会面结束之后再把作品发到对方的邮箱里，礼貌性地请对方有空指导指导，接下来要做的就是耐心等待。

功夫不负有心人，前两天丽丽很兴奋地告诉我，她的愿望就要实现了。有个影视公司联系她说，正在研究她新出版的小说，公司有意向跟她签影视版权。尽管双方现在还在协商价格并未正式签约落实，但是丽丽已经看到了希望的曙光，她花了那么多时间、精力和口舌去推销自己的作品，这一切的努力都没有白费。

或许在众多年轻一代且又没有名气的小说家看来，成千上万的小说作品堆里，丽丽的小说被选中改编成影视作品是多么幸运的一件事。殊不知，这幸运的背后，丽丽付出了多少艰辛的努力。若不是她有一副好口才，恐怕她还真没那么"幸运"。若是她的语言能力不济的话，恐怕她的美好梦想最后只能是一片空想，绝无仅有的机会即使在她身边环绕，最后也只会变成一片浮云飘过。

好口才，对于一个想要获得成功，想要实现自我人生价值和人生理想的女人来说，是多么重要。曾经听过这样一句话：能说会道是决定一个人生活和事业优劣成败最重要的因素之一。是的，如果你拥有一副好口才的话，不仅能将你的才干充分地表现出来加深别人对你的印象，还能使对方对你产生一定的好感和信任感，这样，好运才有可能随时降临到你的身上。

女人的好形象和好口碑绝对需要一张巧舌如簧的嘴来塑造。
懂得用嘴皮子来为自己建立好形象的女人，懂得用说话技巧来增
加自我魅力的女人，必定家庭幸福，事业成功。

"知书达理""贤良淑德""知性优雅"自古以来就是
用来形容形象好、口碑好的女人的。从古至今，不知道有多少
女人希望别人用这些词来形容自己。如果用"美丽""漂亮"
等词来形容你的话，只能说明你的长相不错，并不代表你有气
质、有内涵，即我们通常所说的"内秀"。一个没有气质和内
涵的女人，长得再漂亮充其量也只能做个"花瓶"，相信绝大
多数公司是不太愿意招聘一个只中看却不中用的"花瓶"摆放

在单位里的，想必也不会有太多男人愿意娶个"花瓶"回家摆着吧？

那么问题就来了，既然说了是"内秀"，这内在的东西怎么能够表现出来呢？还是那句话，要展示一个女人的内在气质，要将女人的好形象传递出去，必须要靠那张可以涂上绚丽色彩的嘴。

女人的好形象和好口碑绝对需要一张巧舌如簧的嘴来塑造。用老人家的话说就是，一听女人讲话，就知道这个女人的内在有几斤几两，就知道她是个什么样的女人，值不值得交往，值不值得"拥有"。

表弟昊昊相亲了很多次，都不成功，好不容易看上了一个相亲对象，两人正式确立了恋爱关系。可是我姑妈表示不放心，要他带女朋友美然回家给她过目，帮他把把关。两人都快三十了，大家都是以结婚为目的来相亲的，美然听昊昊说他母亲要见她，便满口答应了，并表示会好好表现，争取博得未来婆婆的好感。

约定见家长的日子终于到了，美然一大早便换上一身清爽秀丽的衣服，拎着几袋补品来我姑妈家了。乍一看，这小姑娘长得还是挺不错的，五官端正，笑起来别提有多甜美，姑妈第一眼算是对美然印象挺好的。可是接下来发生的事，就让姑妈大跌眼镜了。

昊昊带美然参观他们家。姑妈家是顶层的楼中楼，有个大大的阳台，姑妈在阳台上种满了花花草草，还有一些青菜瓜果，俨然一个小菜园。美然在小菜园里走了没两步就一脸的嫌弃，嘴里不停地嘟囔，在家里搞个菜园又脏又臭还招蚊虫，住在这样的环境里，一点儿都不舒服，以后她跟昊昊结婚了，要是在这里住的话，得把小菜园改造成露天咖啡屋。美然讲这些话的时候，姑妈正好蹲在小菜园的一个角落里摘青菜，美然说的话她全听到了，心里太不是滋味了，这还没入门呢，就打自家房子的主意了，顿时对她的好感一扫无余。

做饭的时候，姑妈特意叫美然进厨房陪她聊会儿天。姑妈一边炒菜一边向她了解一些她家里的情况，比如家里有没有兄弟姐妹，爸爸妈妈是做什么工作的，等等。美然回答说，关于这些她都跟昊昊说了，让昊昊告诉我姑妈吧，省得她再说一次。真不明白，她再说一次有那么难吗？真的就那么浪费她的口水吗？姑妈真是差点儿被她的那一句话给噎死。之后美然还说了什么话，姑妈又问了什么，姑妈自己都记不清楚了，她只知道，美然这个女孩子，他们家娶不起。不用说，之后的事情大家也都猜到了，昊昊在姑妈的极力反对下，跟美然分手了。

身为女人，可以没有美丽的外表，也可以没有温柔的性格，但是一定不能有一张"口没遮拦"的嘴，一定不能让自己的嘴一张开就让人嫌，一定要做个会说话的女人，要不断地修炼和完善自我的嘴上功夫，争取用自己的好口才为自己的魅力加分。

昊昊在姑妈的教导下，吸取了上次的教训，再去相亲时，多了个"心眼"，一定要找个会说话的女人，不然一带回家就会被自己的亲妈给"毙掉"。前几天姑妈给我来电话说，昊昊又要带新女朋友回家给她过目了，姑妈邀请我去她家跟她一起帮昊昊把把关。

我如约而至。昊昊的女朋友塞纱还没来，我跟姑妈在厨房里忙乎，姑妈又把美然拿出来说了一通，她真怕昊昊又找了一个跟美然一样不会说话，没能给人以好印象的女朋友。结果这次还真是让她白操心了一番。

塞纱虽说长得不怎么漂亮，五官也没有美然长得好，脸上还有一些细细小小的斑点，但是整个人高高瘦瘦的，看起来还是蛮清爽的。不过姑妈却不再敢看人家第一眼就贸贸然地下评论了。塞纱还算懂事，一进门就甜甜地向我姑妈问好，然后主动要求跟姑妈一起去小菜园摘些青菜做晚餐。姑妈问她家里的情况，她如实回答，还主动说她的爸爸妈妈看了昊昊的照片，对昊昊印象不错，说昊昊一定家教很好，不然也不会看上去那么绅士。未来准亲家赞美自己的亲儿子，还说自己教养得好，姑妈能不高兴吗？塞纱这句话就把姑妈给哄得乐呵呵的。

姑妈在厨房忙乎的时候，塞纱主动去帮忙，一边帮忙还一边跟姑妈聊天。姑妈爱看谍战片，她就一直跟姑妈聊最近电视台播放的那几个谍战片，我不知道她有没有真的看过，但听她跟姑妈聊得那么起劲儿，至少是做了点儿功课的，怎么说第一次见未来婆婆，总得套个近乎，拉近感情嘛。

吃饭的时候，姑妈问塞纱跟昊昊有没有打算结婚，昊昊说有这个想法，姑妈就问塞纱是想自己买房外面住还是跟二老一起住，塞纱的回答就很讨人喜欢，她说可以先跟姑妈一起住，等她跟昊昊攒了钱在外面买了房子之后，接老人一起去住新房子，不过可能没有这里的房子那么大，不过她还是希望姑妈和姑父能跟着他们一起住，这样方便他们照顾二老。姑妈对这个答案非常满意，且不管之后是不是真如塞纱说的那样，但起码塞纱这个女孩子有把昊昊的爹妈考虑进他们的婚姻里，仅仅就这一点就可以加十分了。我想，这一次，姑妈是真的很满意塞纱这个准媳妇，看来，我要准备红包了。

嘴巴除了用来吃东西之外，最重要的功能就是用来说话，用来连接人与人之间的关系。你说的每一句话都能够决定你的人际关系，决定你的事业发展以及人生的幸福所向。懂得用嘴皮子来为自己建立好形象的女人，懂得用说话技巧来增加自我魅力的女人，必定家庭幸福，事业成功。

3　口吐莲花的女人，讨人喜惹人爱

> 口吐莲花的女人，不管什么年纪，不管长相如何，都那么讨
> 人喜惹人爱。她们知识阅历极为丰富，说出来的话，一字一句都
> 透着智慧，在情又在理，使听者受益匪浅。

年轻美丽的女子很讨人喜欢。可是女人的年轻和美丽，是有一定期限的，一般来讲也就是二十年左右。一旦女人不再年轻不再美丽了，是不是就不再有魅力，不再讨人喜欢了呢？答案当然是否定的。

口吐莲花的女人，不管什么年纪，不管长相如何，都那么讨人喜惹人爱。但并不是女人简单地在嘴巴上抹点儿"蜜"，喜欢夸人赞人就是"口吐莲花"。"口吐莲花"的女人，不仅

学识渊博，阅历丰富，反应也很灵敏，她们说出来的话，一字一句都透着智慧，在情又在理，使听者受益匪浅。

我身边就有这样一位朋友，她的名字叫王贤。王贤年纪不大，未过三十五，长得很普通，也不是什么官太太，更没有什么官职在身，只不过是一名普普通通的办事员罢了，但是她身边的领导、同事、朋友都很喜欢她，每次遇到点儿什么事儿，都喜欢找她倾诉，待她跟你聊了几句之后，你会顿时觉得那其实还真不是什么事儿。

那天，姐妹小陆跟老公狠狠地吵了一架，然后晚上赌气不回家，去找王贤倒苦水。小陆之所以跟老公吵架，原因是她准备去赴一场十年之约的同学聚会。她老公听说她的初恋情人也会去，就着急了，紧张了，不太想让她去，找了各种理由、各种借口阻拦。小陆当然是想要去的，人生能有几个十年啊？何况这次同学聚会有四十多个人参加，又不是只有她跟她的初恋情人参加，没什么好担心的，两人都分开这么多年了，各自都有了家有了孩子，过去的情分早就烟消云散了。再说了，别人可以不相信自己，但是自己老公怎么能不相信自己呢？小陆对此气愤不已。王贤听罢小陆的诉说，只说了这么一句话："人生是没有多少个十年，关键是你的每一个十年都是跟谁一起过的。"小陆听完这句话立刻想通了，赶紧回家跟老公说："过去的十年和未来的很多个十年我都会跟你一起过，难道你还不放心我去参加一场同学聚会？"结果，小陆的老公自然是心甘情愿地让她去参加了这场同学聚会，而小陆也开开心心地将自己打扮得美美的去见了老同学。

一般情况下，遇到像小陆这样夫妻不和来找我们倾诉的姐妹，绝大多数女人会跟着小陆一起狠狠地批判小陆丈夫一番，然后再苦口婆心以"床头吵架床尾和"等理由劝说小陆回家，很少有女人会像王贤那样，既不批判也不评论，只是说那么一句哲理性极强的话，让你自己去深思，自己去想破解之法。这就是"口吐莲花"的女人讨人喜的原因所在。她们看似没有告诉你问题的答案，其实答案已经隐藏在了她们跟你所说的话语中。

试问，这样有深度、内涵、会说话且还能把话说进人心坎里的女人，谁会不喜欢呢？不管是在生活上，还是在职场上，"口吐莲花"的女人，都是十分得人心，讨人爱的。

姜然在分公司打拼了很多年，好不容易调到了总公司，她以为凭自己的能力，应该很快就能够晋升了，她梦想着自己能够一步一步地往上升，从集体办公室搬到个人办公室，然后再手下拥有将领无数，殊不知，她实在是想太多了。跟她一起从分公司调来总公司的李艳，工作能力跟她不分伯仲，可是领导却明显要器重李艳多一些。她以为李艳有什么背景后台，结果一打听，人家只不过是个穷山沟里出来的孩子，哪里有什么后台。然而，李艳身上有一种很特别的技能，是姜然所没有的，姜然是跟李艳出了一趟差才知道的。

那次，姜然和李艳一起跟领导坐车下基层视察工作。一路上，领导不停地在聊诗词字画聊古董收藏，姜然是一句话也插不上，李艳却能跟领导侃侃而谈。尽管李艳对诗词字画的认识并没有领导认识得深，也没有领导研究得透，但是她将自己所认识的所研究的，用比较有文采且又有文化造诣的语言表达出来，就能给人一种"学识渊博""研究深透"的感觉。比如聊到古钱币的时候，李艳就先吟了一首唐代李峤所写的《咏钱》诗中的一句"劝君觅得须知足，钱解荣人也辱人"来打开话匣子。

与基层的分公司领导同事共进晚餐时，在聊到分公司和总公司员工的待遇相差较大的话题时，分公司的同事满腹牢骚，似在向上级领导申诉，姜然和李艳的领导听了很不是滋味，公司员工的待遇问题不是哪个领导说了算的，是有正式的文件规定其核算制度的，他对此也无能为力。姜然知道这个话题过于敏感了，不敢轻易开口，只能选择默默地坐在一旁不吭声，而李艳主动跟同事们聊起这个话题，她从国际金融方面说起，然后说到国内GDP，最后才聊回到国企单位劳务费发放的情况上，她一级一级地分析，一级一级地解说，大家都被她有理有据"高大上"的语言带着绕地球转了一圈，最后大家总算明白了，由于地域和级别的差异，员工的工资待遇自然就会有差异。李艳就这样，用她那"口吐莲花"的本事，将一个大家听起来都觉得尴尬和敏感的话题画上了圆满的句号，同行的领导和姜然都情不自禁地对她竖起了大拇指。

说话有文采，又能口出妙语解困局，这样"口吐莲花"的女人怎能不令人心悦诚服？不过，要想成为"口吐莲花"的女人，是需要下一番苦功夫的。目不识丁不学无术的女人，别说是"口吐莲花"了，恐怕连"口若悬河"都难以做到。要想不被年龄和"颜值"给拖垮，做个任何时候都能够讨人喜欢的女人，那就努力增长自己的学识，让自己成为上知天文、下知地理、"口吐莲花"的女人吧。

世界上最美丽的艺术就是语言，女人因其具有特殊的生理和心理特点，更能驾驭语言这门艺术。而能够驾驭语言艺术的女人，懂得玩转语言艺术的女人，能言善辩的女人，才能够在职场上叱咤风云。

又是一年毕业季，侄女鲁愿跟很多大学毕业生一样，都在忙着找工作。那天去她家里，她正在修改和完善她的简历，她让我看看还有什么是需要修改和补充的，我大概浏览了一下，她的简历做得还算精美，内容也还算翔实，不过，自荐信她写得却似乎有些过谦。她不仅没把自己的获奖情况写上，更没把自己在学校里参与的活动写上去，比如代表学校参加全国大学生辩论赛，并且获得了最佳辩手的称号。我建议她把这个加上。

一份出彩的简历是求职成功的第一步。我跟侄女说，简历的出彩之处不是你喊的大口号有多动听，你对贵公司的赞美声有多响亮，而是你的实战经验多过别人，你的语言能力强过别人。没有哪个公司愿意聘请一个性格内向不善交际嘴拙脑笨的人来增加公司的负担。你参加全国辩论赛并获得了奖项，就足以证明你的语言能力强于其他人，贵公司领导看到这一点，必然会对你刮目相看，那么你入职的机会就大多了。侄女接纳了我的建议，加上这条内容之后给几家大公司发去了求职信。很快她就接到了多家公司的面试电话。

侄女说，她去面试的时候，面试官问她的那些问题，应该是没有标准答案的，她为此一点儿负担都没有，张口就来，回答得是又有逻辑性又流畅，面试官们个个点头称赞。后来她去报到的那天，人事部的领导还跟她说，看到她简历上的那条获得辩论赛最佳辩手奖就已经认定了她是最适合的应聘人选，面试的时候她的表现果真没让他失望，绝对是"独领风骚"，真不愧为"最佳辩手"。

不过，我让侄女不要骄傲自满，进入社会之后，要学会将自己最善于驾驭的语言能力发展为自己的一门技艺，充分发挥"能言善辩"的强大功能来助推自己的职业发展。我跟她说，世界上最美丽的艺术就是语言，女人因其具有特殊的生理和心理特点，更能驾驭语言这门艺术。而能够驾驭语言艺术的女人，懂得玩转语言艺术的女人，能言善辩的女人，才能够在职场上叱咤风云。

我的大学同学琳之，大三那年，她特意选修了"演讲与口才"这门课。当时大家都嫌弃地说，人生没多少机会去演讲的，训练口才这种东西，若是感兴趣就自己琢磨琢磨就行了，不感兴趣的不爱说话的人，更没必要去学了，何况说话谁不会啊，特意花时间去选修这门课，简直就是浪费时间浪费精力。然而，琳之在大家的唾弃声中坚持每天都去上课，期末以满分的优异成绩完成了此门课程。别以为琳之学了一学期的"演讲与口才"课是浪费时间，到了第二年临近毕业的时候，我们大家跟琳之的差距就显现出来了。

我们学的是财务专业，这是社会上需求量比较大的一个专业，毕业后我们不愁找不到工作，但我们班的同学绝大多数都是有理想有追求之人，小公司不想去，拿死工资的事业单位和机关单位不想去，大家都想进外企或是国企，反正个个都想进职业发展空间大一些的单位拼搏一下。

五月，我们学校准备举办一场招聘会。国内外不少大企业都来现场招人。招聘会现场人山人海，茫茫人海中谁会多看你一眼并相中你呢？难道真的是看"颜值"吗？我们都知道，当然不可能只看"颜值"了。所以大家都很紧张，不知道怎样才能"技压群雄"。有同学说，得准备一份很好的自我介绍，然后我们大家都很认真地拟写自我介绍稿并且背得滚瓜烂熟，只有琳之优哉地在翻看财经杂志。

招聘会当天，我跟琳之还有另外几个女同学相约一起去一家享誉全球的外企应聘。自我介绍当然是面试的第一道考题了，我们几个都按照原先写好的背出来，虽然看起来表现得不错，但是跟琳之一比明显要逊色很多。琳之是即兴组织语言介绍的自己，中间加了一些实质性的东西，如该企业的哪些岗位她能够胜任，如果有幸加入该企业之后她会怎么做，会做出怎样的成绩等。别以为她是在吹牛，其实她是在现场看了该企业的海报，结合自身的情况临时组织语言现场编出的这段"自我介绍稿"，听得考官们频频点头。

不能在一棵树上吊死。琳之和我们后来又去应聘了一家国企单位，面试官让我们谈谈当前国际国内的经济形势。好几个同学被问得哑口无言，都不知道该从何答起，该答些什么，生怕自己一张口就说错了。而琳之自信潇洒地说了很多。我们都很好奇她怎么能说出那么多内容，原来，她是把自己从财经杂志上看到的观点和案例都组织起来，加上自己的语言作答，这个问题对她而言简直没有一点儿难度。

最后，我们去应聘了一家中小型企业，琳之那张能言善辩的嘴再一次使她在面试官面前讨尽了彩头，面试官当即就决定录用她到公司里做后备干部。可是琳之说，她需要一点儿时间考虑。

结果，前面两家企业也都向琳之抛来了橄榄枝，三家规模不尽相同的企业任由她选择，我们不知道有多羡慕她。真后悔没跟琳之一起去上那门"演讲与口才"选修课，提升自己的语言表达能力，让自己变得像琳之一样能说会道，能言善辩。

后来，琳之去了那家外企。刚进去的时候，只不过是个小小的职员，没过多久就升做了主管，听说没几年她就做了经理助理，现在好像是整个亚太区的行政总裁了，那在职场上叱咤风云的劲儿，实在是让我们望尘莫及。

任何公司招人，最基本的一点就是你是否能够给公司带来"效益"，而语言能力强的女人，是公司的"无形资产"和

"秘密武器"，必然能够给公司带来意想不到的发展。若你也想在职场上叱咤风云，那么就一定要想办法让自己成为一个能言善辩的女人。

> 人不是孤立存在的个体，每个人都需要他人的关注来提升自我的社会地位。"左右逢源"不仅是一种说话的技艺，更是一种保护自我、提升自我，给自己创造更多机会，建立更多人际关系的有效方法。

有些人看不惯"左右逢源"的女人，觉得她们说话办事过于圆滑，善于投机取巧，总觉得她们不够真诚。殊不知，你若过于单纯，过于质朴，过于憨态的话，恐怕难以在社会上立足，还会被职场淘汰出局，甚至还有可能家庭破裂，婚姻失败。

有位心理学家曾说过：女人，为人处世一定要掌握一定的手段，要学会洞悉人情世故，要学会左右逢源，才会更得人心，更好地立足于世。也就是说，女人在处事过程中，不管是说话还是做事，手段都要中性一点儿，即使有些时候做做墙头草也无妨，只求能保证自己一切顺利，家庭、事业和情感一切安好。

我挺佩服能够做到左右逢源的女人的。她们的语言能力很强，即使第一次跟人会面，也能跟人聊得热火朝天，能把对方哄得开开心心的；她们的观察力很强，能通过细小的行为动作或是习惯就能猜出对方的喜好，并根据对方的喜好组织语言，讨人欢心；她们适应环境的能力也很强，不管到哪儿，做什么，她们都能毫无违和感地融进去。我们部门的小彭同志，就是这样一个极具魅力的小女人。

记得小彭第一天来报到的时候，领导特意来我们办公室以示慰问。一般情况下，领导来慰问，只不过是走个过场而已，聊两句就会走了，可是小彭却有办法能够把领导的脚步一拖再拖，使领导足足在我们办公室跟她聊了一个多小时。

大家一定很好奇，她第一次跟领导见面，都跟领导聊些什么吧？其实也真没什么特别的，就聊聊她之前的工作及她之后的工作，还有跟同事如何相处这些比较泛泛的东西，不过，她并不是领导一进来她就开始侃侃而谈，而是通过观察领导的目光猜测领导的喜好，然后抓住领导的喜好开始谈，让领导觉得自己跟她有共同语言，才会多花些时间去了解她的工作状态和工作能力。

我们这个领导喜欢花花草草，一进我们办公室，目光就停留在了我们摆放花草小树的那个角落。小彭同志注意到了这一点，马上抛出绿色植物这个话题跟领导聊得甚欢，她还摆出一副谦虚的姿态请教如何养好不同品种的土养植物和水养植物，领导兴奋地指教了一番，两人的距离顿时拉近了不少。后来，还是领导主动问起小彭的工作情况的。之后，小彭深得领导的照顾和器重，给了她很多表现的机会以及学习培训的机会，后来，她很快便成为公司的"核心人才"。

决定女人事业成败很重要的一个因素就是人际关系的好坏。左右逢源是搞好人际关系的方法之一。"海阔凭鱼跃，天高任鸟飞。"要想属于你的那片海够宽阔任你跃，要想你的那片天空够高任你飞的话，你就必须要学会灵活应变，必须要有点"手段"，不然海再阔天再高，你也跃不起飞不高。

同事小张，就是有一副傲骨，做事绝不圆滑，说话也绝对耿直，她最看不惯那些为了达到目的不惜在嘴皮子上下功夫的女人，小张常常对小彭嗤之以鼻。

王大姐二胎生了个健康的胖小子，领导让我们几个女同事代表部门领导同志去看望她。在去的路上，大家聊起了王大姐十几岁的大女儿小红。王大姐当年怀小红的时候由于没有按时去产检，孩子生下来之后才发现是很明显的长短腿。虽然是长短腿但也只是走起路来不太好看而已，这并未影响小红其他方面的成长发育，但是王大姐还是很介意，平时要是谁在办公室里谈论生孩子健不健康的问题，她总是黑着脸。所以小彭提醒大家待会儿到王大姐家，看到小红时，尽量捡些好听的话称赞孩子，千万别说些什么孩子不健康之类的话来刺激王大姐。大家都表示赞同，可是小张说，事实就是事实，不说也还是事实，我们"睁眼说瞎话"太虚伪了。小彭说，这不是虚伪，这是一种给人脸面同时又能避免尴尬的方法。然而，不管小彭和我们大家怎么劝说小张，她还是觉得，有一说一，坚持实事求是才是王道，我们真是拿她没办法。

到了王大姐家，给我们开门的就是小红。小彭一进门便微笑着称赞小红是个乖孩子。大家知道小张是怎么说的吗？小张第一句话居然就是问小红："你的腿没事吧？"我们一听，吓了一身冷汗，幸好王大姐在楼上带着娃儿没听到，小朋友也只是笑笑，没说什么就跑开了。

在月嫂的带领下，我们来到王大姐二楼的卧室，看到了刚出生没几天小宝宝。大家都围着小宝宝转，拍照的拍照，逗娃的逗娃，只有小彭和我前去跟王大姐聊天。有点产后抑郁的王大姐见到熟悉的同事们来访，有些激动，噼里啪啦地说了好多掏心窝的话，小彭也很配合，不停地恭喜王大姐"儿女双全"幸福美满。正当我们跟王大姐聊得开心之时，小张走了过来，她居然说了这么一句："小宝宝看起来挺健康的，不像姐姐那样。"天啊！这话，我怎么听起来觉得那么刺耳啊！非要这么说话吗？王大姐听罢脸色一沉，刚想说什么，就被小彭抢先接了话。小彭说："姐姐聪明伶俐，弟弟逗趣可爱，王大姐真是辛苦了，哺育了两个这么精灵的宝贝儿。"我也赶紧接过小彭的话说："王大姐你算是熬过来了，我们大家都还在路上煎熬着呢，大家不知道多羡慕你呢。"这时，其他几个同事也急忙过来说好话帮忙打圆场，这才把小张那句耿直的无心之语给盖了下去。不过，王大姐从此之后再没给过小张好脸色看。说话耿直没有错，只是什么时候该耿直，什么时候该说些暖场的、暖心的话，一定要分清楚，不然很容易失掉人心。要知道，祸从口出啊。

人不是孤立存在的个体，每个人都需要他人的关注来提升自我的社会地位。"左右逢源"不仅是一种说话的技艺，更是一种保护自我、提升自我，给自己创造更多机会，建立更多人际关系的有效方法。

　　俗话说得好，"说话关键是要说给别人听，做事关键是要见到成效。"巧用说话的艺术去办事，学会在难点要点上下功夫，定能将不顺变成顺，把不行变成行。

　　"中国式办事"不知道难倒了多少人，不知道多少人在办事的路上发出了"且行且珍惜"的感慨。其实，"中国式办事"也并没有那么难的，只要你懂得方法，找对了人，说对了话，就没有办不成的事。

　　大家都知道，老百姓办事，必须要走正常的程序，要合规又要合法，最重要的是，一定要找对地方找对人。总不能上户口你跑去民政局，办护照你跑去街道吧！开什么样的证明就要去相对应的部门，还要找到负责开这个证明的人，也就是能给你盖章签字的人，不然找对了地方没找对人也是白跑一趟。

不过地方并不难找，问问"百度"就知道了，人也不难找，去到那个地方张口问问人就知道该找谁了。可是，很多情况下，我们要办的事，相关的办事员并不愿意给你办，原因有很多，比如你的手续不够齐全，比如你的要求有点"过分"，就像网络上曾爆出的，某个部门要求开具"你妈是你妈"的证明之类的，又或者是你填写的表格不够规范，等等。如果手续不齐全我们补齐了就是了，表格填写不规范我们重新填写就是了，可是有些证明的要求很奇特，就连我们自己听起来也十分别扭。有些时候，还是因为一些不可控的因素，办事员不想给你办，这时候怎么办？

古语有云，"说话的技巧在于'活'，做事的法则在于'灵'。"怎么个活法，怎么个灵法，就看你怎么去把握现场的情况了，不过，只要你把话说得滴水不漏，把事做得实实在在的，事自然就能办成。

去年8月，我的护照到期了，要去换新证，要回户籍所在地换。那天，我一大早就坐了三个小时的动车赶到户口所在地，然后直奔办证大厅。待我急匆匆赶到时，还有十来分钟就到上午的下班时间了。于是，我赶紧把旧证、填好的表格等材料递进办证窗口给办事员审核。

办事员是一位年轻的警察哥哥，他瞅了我一眼，并没有接我的材料，而是说了句："都要下班了才来办。"

我说："是从外地赶回来办的，本来可以早点到的，可惜火车晚点了，这不，满头大汗地赶过来。"

警察哥哥"嗯"了一声，这才拿起我的材料看。不过没看几眼他就打回来跟我说："下午再来吧，我要整理材料下班了。"

"一会儿要赶车回去上班呢，只请了半天假来办，过几天就要用新护照出国，真怕来不及换新护照，麻烦大哥这会儿帮帮忙，这么远回来一趟不容易。"我带着恳求的语气说道。

"你材料可以先放在这里，下午上班直接过来找我。"警察哥哥还是坚持不给我办。

"耽误大哥您几分钟的时间帮我办一下吧，真的，挺着急的。"我不死心，继续央求道。

警察大哥看我一脸的可怜样儿，没再说什么，拿起材料帮我办理。不到五分钟的时间，就录好资料，现场拍了照片，然后他把缴款单递给我说："赶紧去旁边的交费处看看还有没有人收款，没有的话就真的要下午再来交了。交了钱赶紧拿回执单过来。"

我拿了缴费单又急忙奔到交费处，没人了。低头看表，还有5分钟才下班，可惜已经"人去楼空"。可能那天我比较幸运，那个收费员大姐忘了拿东西又折返回办公室，看到我站在那儿，就问我是不是要缴费，我点点头，她说了句："下班了，下午再来吧。"既然有人了，不抓紧机会更待何时啊？于是，我可怜兮兮地望着她说："麻烦您帮我收一下钱吧，那个办理员大哥还在等我的缴费回执单呢，他说办完我这单他才下班。"

大姐看了我一眼，想拒绝，我就又说话了："您看我大老远从其他城市赶回来办这事也不容易，若不是火车晚点，我也不会快下班了才赶到这里，中午还要赶火车回去呢，晚上还要上班呢。大家都很辛苦，互相理解一下，行不？"我都把话说到这份上了，求也求了，大姐不好再推辞了，就帮我把费给收了。拿到缴费回执单我立马奔回办证柜台，那个警察大哥还在，我把回执单递给他，他递给我一张办结单让我拿去旁边的EMS柜台办理快递证件业务。这最后一步，其实才是最考验人的一步，因为那时已经过了下班时间点了，EMS办理柜台已经停止办理业务了，我到柜台时，正好见两个美女在收拾整理快递单，我决定抓住机会放手一搏。

"真是不好意思啊，来晚了，你们都停止办业务了。"我抱歉地对两位美女说。

其中一位美女微笑着说："您要是再早来三分钟就可以办了，下午再来吧，我们一点半上班。"

我无奈地叹了口气后问道，"要是我来不及办理邮政快递证件的业务，是不是就要十五个工作日后再来这里领取啊？"

另外一美女想了想说："是吧，挺麻烦的，要再跑一趟。办我们EMS快递，送证到家，多方便啊，下午再来办吧。"

"哎，没办法，一会儿就要去赶火车回去了，下午恐怕是没时间来办了，也只能到时再坐几个小时的火车来领了，麻烦就麻烦吧。"我长长地叹了口气，"总不能麻烦你们下了班还帮我办理吧，麻烦你们不如麻烦我自己。"

两美女看看我，又互看了一眼，其中一个把手伸向我："来，姐，把办结单给我，我们帮你办吧，省得你又火车来火车去地跑一趟。"

哈哈！目的达到了！事情办成了！真是好险啊！任何一个环节打不通，我就真的要再跑一趟了！幸好我急中生智巧舌如簧，反正跟每一位办事员说的每一句都衔接得当，有力有理又有序，不违规不越权，只有这样才能顺利将事情办成。

俗话说得好，"说话关键是要说给别人听，做事关键是要见到成效。"巧用说话的艺术去办事，学会在难点、要点上下功夫，定能将不顺变成顺，把不行变成行。

> 女人的命好不好，看的就是你的那张嘴。你的嘴若是能够
> "口吐莲花"，说的每一句话都能够沁入人心的话，那么你征服
> 的不仅仅是别人的耳朵，还有别人的内心。

什么样的女人最好命？这是个没有标准答案的问题。但是我可以明确地告诉大家，女人的命好不好，看的就是你的那张嘴。

你的那张嘴若是能够"口吐莲花"，说的每一句话都能够沁入人心的话，那么，你征服的就不仅仅是别人的耳朵，还有别人的内心。这样的女人，在领导眼中，是个踏实肯干的得力助手；在父母眼中，是个乖巧懂事的女儿；在公婆眼中，是个

贤良淑德的媳妇；在夫君眼中，是个善解人意的爱人；在朋友眼中，是个诚信至爱的良友；在孩子眼中，是个慈祥和蔼的母亲。试问，这样的女人，命能不好吗？

很久不联系的一位大学同学王西溪，突然发来了一张邀请函，嫁入豪门的她将在海南三亚举办一场盛大的海边婚礼。光是想想那画面，就觉得太美了，更别说是能够受邀前去参加了。而且，那小妮子说了，包食宿且不收礼金，大家只管人来就好。这么愉快的事，我们大家伙儿自然是乐滋滋地安排时间按时前去观礼送祝福了。

相约去三亚观礼的路上，大家猜测，西溪嫁的老公很有可能是年长她至少十岁以上的老家伙，不然怎么那么有钱，而且还有个疑点，那就是她发给我们的邀请函上没有贴婚纱照。围绕这个"思路"，大家发挥着无限的想象力，猜测有可能她是去做人家的后妈，她老公很可能又矮又胖。可事实是我们想多了。西溪的命不知道多好呢！

那天我们下飞机时已经很晚了，西溪安排了车接我们到第二天举办婚礼的酒店。那个车是加长版的林肯，那是我们活了二三十年第一次乘坐的超级豪华轿车，大家都兴奋得不行。到了酒店，西溪和老公出来迎接我们。不见不知道，一见吓一跳。西溪老公最多三十来岁，又高大又帅气，声音还很有磁性。为了缓解我们的旅途劳累，特意给我们安排了一次超舒服的SPA（水疗），之后还给我们准备了一桌丰盛的消夜，让我们几个多年不见的老同学边吃边聊，而且还全程作陪，一点儿也不嫌我们这群姐妹们婆妈吵闹。不仅如此，西溪老公还请旅游公司给我们大家定制了一条旅游路线，婚礼后可以尽情地在三亚玩，大家真是受宠若惊，没想到西溪的老公这么用心地招待她的姐妹们。出钱出力不止，还付出了一颗真心。大家都对西溪的老公竖起了大拇指，称赞他服务周到，贴心、细心又有耐心，简直就是所有女人梦寐以求的好归宿。

姐妹淘莎莎不知道多羡慕嫉妒西溪的好命呢，问她怎么找到一个这么有钱又这么帅气的男人。西溪笑而不答，让我们去问她老公。西溪老公说，他留学归来进入家族企业工作没几天，就在公司举办的一次招商活动上第一次见到了西溪。西溪是他们公司请来主持那次招商活动的主持人。能当主持人的女人，一定都很美，西溪确实很美，但是真正吸引他的不是西溪的美，而是西溪的那张巧嘴。当然不是在舞台上背得滚瓜烂熟的主持稿了，而是活动结束后的宴会上，公司高层跟一些商界名流轮流去敬西溪，西溪巧说几句就把他们给"打发"走了，他实在是佩服她，能在这种场合里滴酒不沾就能把客人给哄开心了，真是不简单。于是，他记住了西溪。之后，只要他们公司有活动他都提议邀请西溪来主持。两人见面的机会多了，交流的机会也多了，久而久之，就彼此产生了好感。

两人刚谈恋爱那会儿，他心里还是有些忐忑的，生怕父母不同意他跟西溪交往。西溪不是名门望族之后，也不是名校毕业生，只是一个地方电视台里的小小主播而已，家庭一般，收入一般，只是长相稍微出众一点儿而已。他也把自己的担忧跟西溪说了，西溪很有信心地对他说，她一定能够让他的父母接受她的。

他第一次带西溪回家，西溪并未给他的父母准备什么特别的礼物，只是简简单单地买了些水果而已。西溪说："你们家那么有钱，我送什么恐怕都难以入你父母的眼，那么我就只能靠我这张嘴去哄他们开心了。"果不其然，西溪老公的父母看都没看一眼西溪带来的是什么东西，对西溪的到来并未表示不欢迎，但是也并未表现出有半点儿欢迎的迹象，给人的感觉是甚为冷淡，幸好西溪早有心理准备。她不气不恼，不温不火，心平气和地跟她未来的公婆聊天。起初，二老摆出一副高高在上的姿态，不怎么接西溪的话，西溪便自顾自地说，反正不让场子冷下来就是。当西溪讲到他们的儿子，即她的男朋友在国外生活的苦与累时，二老顿时来了兴趣，立马卸下身上的冰块，不停地问西溪他们儿子在国外生活的境况。尽管他们的儿子生于富贵之家，在外留学并无半点儿经济压力，但是那种离乡的苦，思念亲人的苦，是再多的钱也买不到的。他们从未想过自己儿子在国外竟然会活得那么累，他们的儿子从未跟他们说起过半句。所以，他们打心底里感谢西溪，感谢西溪带他们进入自己儿子的内心世界。

那一次如此交心的沟通之后，西溪老公的妈妈开始信任和喜欢西溪了，时常叫西溪去陪她说说话，西溪就抓住他妈妈想听到有关她儿子内心真实想法这一点，时不时地告诉他妈妈他心底的一点儿小秘密，就这样她成功俘获了未来婆婆的心，很快便跟未来婆婆成了无话不谈的"姐妹儿"。西溪老公说，西溪和他妈妈两个人经常合着伙儿来打压他，有时候真让他怀疑自己是不是捡来的，而自己老婆才是自己妈妈亲生的。

西溪老公悄悄跟我们说，西溪跟自己妈妈相处得好，能哄自己妈妈开心，这些都还不是他下定决心要娶她的原因。其实他身边还有很多又漂亮又能干的女人围着他转，不过她们都没有西溪那么能说会道，那么能帮得上他的忙。西溪受邀到他们公司做公关经理之后，不知道帮公司解除了多少公关危机，挽回了多少名誉损失。他出去应酬的时候带上西溪，西溪完全不费吹灰之力就能帮他把酒给挡回去，而且不仅没破坏彼此间的情谊，反而情谊更深了。这才是他下定决心娶西溪的真正原因。不得不说，西溪的那张嘴，厉害得很呢。

敢情西溪的好命，全凭她那张嘴说出来的。听她老公这么说来，命好的女人，势必会拥有一张巧嘴。

女人在竞争如此激烈的社会大环境中求生存求发展，求好姻缘求良伴侣，必须要手握一张王牌。有人说，这张王牌是"高颜值"，也有人说，这张王牌是好口才。"高颜值"是天注定的，没有人可以选择和改变，而只有好口才可以通过后天的努力来实现。

所以，好口才是女人手握的一张王牌，一张能带女人走向成功和幸福的王牌。拥有了这张王牌，你的心灵自会打开，你的视野自会开阔，自然就会获得更多的发展机遇，进而能够主宰自己的命运，使自己成为好命的女人。

聪明的女人，

心中有尺点到即止

第五章

有时，成就一个人只需要一句话；

有时，毁灭一个人也只需要一句话。

一句话，看似很轻，实则很重；

看似简单，实则复杂。

聪明的女人，心中有尺，

口中有度，点到即止。

1 / 开玩笑要把握尺度，开过了头会伤人伤己

一句玩笑话，你说起来风轻云淡，但是别人听起来却觉得十分刺耳。聪明的女人，心中有尺，口中有度，开玩笑会把握尺度点到即止，绝不会让祸出口出。

在人际交往过程中，大家开开得体的玩笑，活跃活跃气氛，松弛松弛神经，营造一个轻松愉快且又融洽的交谈氛围，是极好的。可是，总是有些人，也不知道是故意的还是无意的，就是喜欢开一些没轻没重的玩笑，甚至是哪壶不开提哪壶，把别人的伤心事拿出来当乐子讲，以为这样会引起大家的"共鸣"，殊不知，这样会伤了彼此的感情。开玩笑，还真是得注意分寸，把握好尺度。

某天跟同事小胡去开个交流会，遇到兄弟单位的陈大姐，我们公司跟他们公司有业务往来，经常联系，所以比较熟悉。她是一个很爱开玩笑的人，常常说一些玩笑话想要把人逗乐或是想要活跃气氛，但事实上，她并不是一个会开玩笑的人，她说的很多玩笑话都过了头。就比如这次，大家来得早，坐在一起闲聊，聊到孩子的话题时，大家都表示小朋友是"恶魔"，难教难管得很，只有小胡一个人默默地坐在一旁不说话。可能陈大姐是想把默不作声的小胡给带进话题中吧，就半开玩笑地对小胡说："其实我不知道多羡慕小胡两口子啊，没小孩负累，时间都是自己的，一到节假日，就看到小胡在朋友圈发小两口外出旅行的照片，真是看得我好眼馋哦。"小胡笑笑说："你可以带着小朋友一起旅行呀，一家四口出行，那才叫幸福呢。"生了一对双胞胎儿子的陈大姐摇摇头说："带一个出去都难，别说带两个了，反正我是没那个轻松命了。说真的，小胡，没小孩也是一种幸福，你就好好享受你的幸福，让我们干羡慕吧。"我一听这话，全身直冒冷汗，小胡上次怀孕七个月胎儿因停止发育引产之后就再也没怀上过，她看了很多医生，试了很多偏方，还是没有怀上，全家上下都着急得不行，她更是急得常常偷偷抹眼泪，陈大姐这么说，这不是在小胡伤口上撒盐吗？这种玩笑可不能乱开。我冲陈大姐眨眨眼，提醒她不要再说了，可是她似乎正在兴头上，继续说："如果知道带俩娃儿这么累，当初怀这俩小家伙的时候就该拿掉，像小胡这样，无牵无挂的，多好啊。"小胡尴尬地笑笑，什么也没说。事后，小胡跟我说，若不是我们两家公司有业务往来关系，她早就跟陈大姐翻脸了。

女人的心是很敏感的，一些话题最好不要拿来开玩笑，比如不孕不育、不婚不嫁之类的。或许在你看来这些都不是什么大问题，说说笑笑就过去了，但是对当事人来说，这很可能是一种无法弥补的痛。拿别人的痛来说笑，拿别人难以启齿的事来开玩笑，即使人家大方不跟你一般见识，但是从此之后，对你这个人，绝对是有所保留的，绝对是不愿亦不会再跟你有任何的瓜葛了。

闺蜜媛媛三十四岁了，谈过几次恋爱，但没有一次成功的。家里人实在是太着急了，对她下了最后通牒，让她今年必须把婚事给办了，不能再挑三拣四了，遇到条件过得去的就赶紧去领证。

其实，并不是媛媛太挑剔，也不是她遇到的男人不好，只是彼此遇到的时间不对，加上她说话做事没分寸，什么时候说话得罪了别人，什么时候又说了伤别人心的话她都不自知。

那天，家里的亲戚安排了一个与她年龄相仿的有为青年跟她相亲，她也打扮得典雅大方地去赴约。有为青年看起来不错，仪表堂堂，据亲戚介绍说家庭条件还不错，之所以三十五岁了还未婚，是因为工作太忙，一直没时间谈恋爱，故把婚姻大事给耽误了这么多年。

有为青年是个健谈的人，媛媛刚一坐下，他就找各种话题跟媛媛聊，人生理想家庭朋友都聊了个遍，媛媛也很配合，不管他抛出什么话题，媛媛都能接得住，两人聊得甚欢，似乎彼此挺有感觉和默契的。可是，当媛媛跟有为青年准备要确立恋爱关系时，她的一句玩笑话把对方给"开"跑了。媛媛问他，自己应该不是他的第一个女朋友吧？对方回答说不是，媛媛竟然接过对方的话说了这么一句："到了你这把年纪，要是还没谈过恋爱，不是身体有问题就是心理有问题，你说是不是，呵呵……""谁跟你呵呵呵"，对方当即甩下这么一句话就走了，之后就再也不接媛媛的电话了。

有人把有为青年气恼的原因跟媛媛说了之后，媛媛觉得有为青年真是太小题大做了，她只不过是随口开了个玩笑而已，对方何必那么较真，发那么大脾气呢。最后，她通过介绍他俩认识的亲戚跟有为青年解释了，但是对方还是无法原谅媛媛的那句无心之失。对方说，自己那么大年纪还没娶到老婆，身边的亲人朋友早就对他有微言了，有人说他性格有问题，有人说他性取向有问题，有人说他有暗病所以没人敢嫁给他，有人说他心理有问题，有人还说他是因为不能生育所以没人要……反正，多难听的话，多不可思议的猜测都有，他都忍了，他想啊，只要有一天找到了适合自己的另一半，所有的"流言蜚语"都会不攻自破，他本来以为媛媛会是他的"准夫人"，没想到她跟那帮爱嚼舌根的亲朋好友一样爱乱开玩笑，他怎么能够娶这样一个女人回家动不动就乱开玩笑伤自己的心呢？

媛媛无意识说的那句玩笑话确实伤害到了她的相亲对象，使对方觉得有些难堪，甚至有些"下不了台"，所以，他跟媛媛的进一步发展只能作罢了。

一句玩笑话，你说起来风轻云淡，但是别人听起来却觉得十分刺耳。聪明的女人，心中有尺，口中有度，开玩笑会把握尺度点到即止，绝不能让一句玩笑话伤到人，也伤到己。

做人，说话做事可不能太绝，要适时地给别人和自己留点儿余地，给自己积攒点儿人品。毕竟，这是个处处有人情往来的社会，你若是把事情做绝了，把话说满了，就会把自己的路给堵死了，将来若是有个突发情况，就无力回天了。

俗话说得好，"做事要留有余地，不能把人给逼上绝路；说话也要留有余地，不能把话说得太满。"做人，说话做事可不能太绝，要适时地给别人和自己留点儿余地，给自己积攒点儿人品。毕竟，这是个处处有人情往来的社会，你若是把事情做绝了，把话说满了，就会把自己的路给堵死了，将来若是有个突发情况，就无力回天了。

我高中时代的同桌小静，长得非常漂亮，大家一致认为，"班花"这个称号根本不足以概括她的美，"校花"的称号才配得上她那种纯美的容颜。当时我们班长得最不好看的一个男生，我们都叫他吴哥。吴哥喜欢小静，全校皆知。他每天上学放学必然跟在小静后面，充当小静的"护花使者"，不让那些想打小静坏主意的男生有机可乘。小静知道吴哥是一番好意，但就是不愿意总有个跟屁虫跟在自己身后，故多次警告吴哥不要再跟着她了，但是吴哥为了保证她的安全，依然如故。小静气愤不已，就告到了年级主任那里。吴哥被年级主任叫去办公室狠狠地批评了一顿，回来后，他问小静，"我那么喜欢你，你难道不知道吗？"小静说，"我知道，但是我一点儿都不喜欢你，甚至还很讨厌你。"吴哥不死心，又问，"你真的就那么讨厌我吗？我哪点做得不好，让你这么讨厌我？"小静说，"你长得那么难看，我多看一眼都觉得恶心，你说我还能不讨厌你吗？"话都说到这份上了，吴哥当然知趣地闪到一边去了。从那以后，吴哥尽量跟小静保持距离，哪怕是在路上遇到了也会绕道而走。

　　可是世事难料，吴哥大学毕业之后做了骨科医生，供职于一家大医院。而此时小静的父亲右大腿上有个肿瘤，正好住进了吴哥所在的那家医院，正巧吴哥又是小静父亲的主治医生。每次吴哥来给小静的父亲做检查，站在一旁的小静都是一脸的尴尬；每次去办公室想向吴哥咨询父亲的病情，她都红着脸，难以启齿。而吴哥，对小静也是完全友好不起来。若不是医德时时在敲打着他的心，真不知道他会不会做出些什么事儿来报复小静，当年小静将吴哥伤得实在是太深了，这二十多年来，他只要一想起小静当时所说的话，心里就隐隐作痛。小静也知道自己当年的话说得确实太过分了，想要跟吴哥道歉，但是又拉不下面子，两人就这么如陌生人般地相处着。本来两人可以做好同学老朋友的，却因为当年小静把话说得太绝了，断了两人的情谊，恐怕这辈子两人都难再交好了。

不要以为跟有些人不会再有交集，可能会永远都不会再见，所以把话说得那么决绝，要知道，地球是圆的，指不定哪天地球转来转去就让你俩再次碰面了。

话，说得不要太满，给别人留点儿空间，也给自己留一条后路。十年河东，十年河西，指不定哪天你就会用到这条"后路"了。

闺蜜小鱼前些年差点儿就代表双亲在报纸上刊登了跟伯

父伯母断绝关系的声明。当年，小鱼的奶奶去世后，留下了一笔遗产，她的伯父伯母伪造了奶奶的遗书，想要侵占所有的遗产，小鱼代表双亲找了律师去协调，无果，她的伯父伯母坚持按照伪遗书继承所有财产，为此，两家对簿公堂。在公堂上，小鱼代表双亲跟伯父伯母对质，争辩激烈，后来进行了笔迹鉴定才确定那份遗书是伪造的，法庭最后宣判两家平分遗产。小鱼认为伯父伯母的人品不好，故在接过宣判书时大声说要跟伯父一家断绝来往，还说要登报声明两家今后老死不相往来。她也确实拟好了声明要拿去报社刊登，但被她的表哥、表姐给拉了回来，他们劝说了好久，她才肯作罢，但还是跟伯父一家无话可说，不再来往。

就这样过了几年，两家人不联系也不交流，看似不再有任何交集，反正各自安好就是了。小鱼以为两家人这辈子就这么像平行线一样，永不相交，可谁知，小鱼的儿子突发疾病，要尽快手术。可手术过程中需要输送大量的血液，然而血库里却急缺那个血型的血。时间紧急，医生让小鱼尽量通知家里的所有亲戚来医院验血捐血，包括小鱼的伯父及堂兄弟姐妹等，欲集合全家之力储备足够的血液，及早地为孩子进行手术治疗，不然的话，恐怕华佗再世孩子也难救了。

儿子都病成这样了，小鱼只好硬着头皮给当年自己口口声声说要跟人家断绝关系的伯父，请求他和他的儿女们到医院捐血救救自己的儿子。毕竟血浓于水，伯父犹豫了一下，最后还是叫上自己的几个儿女一起去了医院。

儿子的手术在全家上上下下的齐心储血之下，最终顺利完成，小命算是保住了，小鱼全家都松了一口气。小鱼更是对大伯一家甚是感谢。不管怎样，当年意气用事，说了不该说的话，破坏了两家的感情，是她不对，她欠大伯一家一句"对不起"和一句"谢谢"。

于是，她提了些礼物到大伯家表示歉意和道谢，伯母说，人心不足蛇吞象，当年他们夫妻二人就是因为起了贪念故伪造遗嘱想侵吞老人家的所有财产，结果才闹得整个家族分崩离析，家无宁日。事后，他们也后悔，也想跟小鱼一家再续亲情，可小鱼说的那些断绝关系的话始终历历在目。若不是这次家里有小朋友生病，促成了两家合力救亲人的话，他们恐怕这辈子都无法原谅对方。

人生在世只不过短短几十年，别说是亲人，就连陌生人，也别轻易结下仇怨，别轻易说出一些令人无法挽回的话。谁都有坏情绪的时候，但是情绪再坏，再生气，也不能把话说得过满过绝，凡事总有意外，山水也总有相逢的时候……

闲聊也要注意分寸，切勿因一时口快输掉人心

> 闲聊不是闲扯，不能天马行空的想说什么就说什么，要多留意闲聊的对象，多注意说话的方式和方法。更重要的是，务必要掌握说话的分寸，千万不要因一时口快而说出了一些不该说的话，不仅得罪了人，还输掉了人心。

"三个女人一台戏"，女人们只要聚在一起，就必然会闲话家常热聊起来，聊男人、聊孩子、聊家庭、聊婆媳关系……不管熟不熟，只要话题一打开，个个都会变得很熟络。有人认为，既然是"闲聊"，当然是内心无比轻松地聊了，既然是"轻松地聊"，自然是无负担地聊了，所以就会变得很"口无遮拦"，有些话不经大脑过滤一下就直接说出来，结果弄得大

家都很尴尬，有的甚至还因此变成了陌路。

年后第一天来上班，隔壁办公室的张姐来我们办公室拿文件，顺便跟大家聊了一下过年的情况。大家对过大年吃大鱼大肉并没什么特别的看法，但对"发红包"这个传统风俗有着特别大的意见。过年"发红包"这个延续已久的"优良传统"现在已经被引申出了新的"含义"，不单单是过新年的时候拿红包装着现金分发给老人和小孩以示祝福，如今还兴起了发"微信红包""QQ红包"，而且还不只是一对一的，有一对多的，拼手气的。

大年初一的时候，我们领导就在群里发了几次微信拼手气红包，而每一次都是在休产假的小王同志抢到的金额最多，而年前刚刚做了流产手术的小石抢到的最少。张姐在聊到过年抢微信红包时看着小石笑嘻嘻地说了这么一句："你看看你，真是背哦，流了个小孩也就算了，连抢红包都是抢得最少的，看来你今年真是运气不佳啊，赶紧去寺庙拜拜。"或许在大家看来，张姐说这话并没有别的什么意思，只不过是闲扯而已，可是在小石听来，是多么刺耳和烧心啊。本来没了一个小宝宝，心里就已经够郁闷的了，这事还要被人拿出来闲扯，她没有当场发飙已经算是给张姐面子了，不过此后，她再也不跟张姐闲聊了，就算是工作上有联系，她也是有事说事，绝不跟她多说一句与工作无关的话。

虽然"闲聊"一般情况下都是在轻松愉悦的环境下进行的，但是这并不代表什么话都能说，什么事都能拿来聊，别人的伤心事，别人难以启齿的事，别人不想让人知道的事，你知道就是了，千万不能当着别人的面聊，也最好不要拿出来当"谈资"，要不然，戳痛了别人的心，招来了别人的记恨，届时，你不仅赔上了情谊，还输掉了人心。

吴霞跟同事小黎的老公是从小一起长大的玩伴儿，两家人常常聚在一起吃饭聊天玩耍，节假日还时常结伴出游。可以说，她对小黎家芝麻绿豆大的小事也知道得一清二楚，小黎夫妻二人闹矛盾，也都是吴霞去做和事佬。

去年八月的时候，小黎跟老公大吵了一架，之后撂下一句"择日离婚"便带着女儿搬回了娘家住。"和事佬"吴霞当然要及时行动，帮助小黎夫妻二人化解矛盾重归于好。小黎搬走的第二天，吴霞就去了小黎娘家劝和。可是这次的事情确实太严重了，小黎老公偷偷将夫妻俩辛辛苦苦攒的十几万元存款全都借给了一个不算太熟的同学，直到家里出了点状况急需用钱时，她老公才迫不得已将此事告知小黎，小黎想要发火，可是当务之急是解决家里的问题，故让老公去找那位同学让他还钱，于是小黎老公就跟对方联系，对方前两次还接电话回信息，后面几次干脆玩"失联"，小黎夫妻俩只好跑到对方家里去找人，结果人家一句"没钱怎么还"就把小黎夫妻俩给噎死了。尽管后来小黎向娘家求助度过了此次经济危机，但是丈夫私下借钱给同学这事一直梗在小黎心间，她真的没法原谅丈夫，因为每次一想到夫妻俩这些年积攒的血汗钱就这么没了，她就心痛不已。很长一段时间，夫妻俩因为这事争吵不止，最后变成了不可调和的矛盾。既然无法接受也没法原谅，小黎说，只有离婚是最好的解决方法。故任凭吴霞怎么劝，小黎都铁定了心要离婚。最终，吴霞失败而归，小黎跟老公办理了离婚手续。

小黎离婚的消息不知怎么就在单位里传开了。大家都在猜测，到底小黎夫妻俩出现了什么问题竟然闹到了离婚的地步。一次，几个女同事在食堂吃午餐的时候又聊起小黎离婚的事，吴霞正好在其中。大家聊着聊着，吴霞一时没管住自己的嘴巴，竟然把小黎离婚的真实原因说了出来。说完她也很后悔，一再交代在场的女同事们不要把小黎离婚的原因泄露出去，大家也都立下不外泄的口头保证，可结果，没两天整个单位的人就全都知道了，一些年长些的大姐还特意跑去说小黎把钱看得那么重，多年的情分竟然抵不过十几万元的存款。小黎真是又气又急，恨不得找个地洞钻进去。

被人议论多了，小黎有些受不了了，故想办法调去了其他单位。谁知道，刚去新单位报到，领导就跟她说，过去的事不用想太多，钱没了可以再赚。小黎很惊讶，她离婚的事居然传到了新单位领导的耳朵里，看来新单位的其他同事也极有可能都知道了，她真是气得不行，真不知道该如何跟新同事们相处，如何在新单位长久地立足下去。

她找吴霞倾诉，吴霞告诉她，她是信息的传播者，她为自己的无心之失向小黎道歉。小黎向来都很信任吴霞，没想到她的"隐私"竟然是从吴霞口中爆出去的，她实在没法接受自己最好的朋友竟然拿她的伤心事来当"谈资"，当即就跟吴霞翻了脸。

可能大家会认为，因为借钱一事梗在心间而选择离婚是一件很不理智的事，可是生活是两个人交心的事，小黎和前夫生活在一起不开心有心结，继续维持婚姻状态的话只会让彼此都痛不欲生，既然如此，还不如选择放手。她不求旁人的理解，但是也不想自己的隐私暴露在阳光之下供人评论和指点，故真的无法原谅吴霞。从此以后，两个曾经的好姐妹形同陌路。小黎后来还因承受不了单位同事的"流言蜚语"，辞了职带着孩子去了另外一个城市生活。

大家别以为事情在小黎远走他乡时就告一段落了。不知何时开始，单位里竟然有了新的"流言"，说吴霞逼走了自己的好朋友好同事，故大家看她的眼神变得不再友好。本来领导要提拔吴霞的，可是民意测评的时候票数太低，只能作罢。至此，吴霞才知道自己一时口快带来了多么严重的后果。不仅对小黎造成了很大的二次伤害，也对自己的人际关系造成了破坏性的影响，吴霞真是悔恨不已，真恨不得扇自己几下嘴巴……

闲聊不是闲扯，不能天马行空地想说什么就说什么，要多留意闲聊的对象，多注意说话的方式和方法。更重要的是，务必要掌握说话的分寸，千万不要因一时口快而说出了一些不该说的话，不仅得罪了人，还输掉了人心。

所以请切记，女人们聚在一起闲话家常并无不妥，只要妥妥地不说人"闲话"就好。

　　"静坐常思己过，闲谈莫论人非。"这是女人必须具备的素质和修养。所以，女人绝不能做长舌妇，要做就做知性优雅、品德高尚、端庄娴静、谦和贤惠的女人。

　　每个人都有一张嘴，嘴有两个很大的功用，一个是吃饭，另一个就是说话。有的人巧舌如簧、口吐莲花，用那张嘴为自己带来无限的"功和利"，而有些人，却喜欢用那张嘴来搬弄是非，在背后说人长短，尤其是女人。王安石的这首"幸身无事时，种种妄思量，张三裤口窄，李四帽檐长"诗歌说的就是这样的女人——长舌妇。

　　长舌妇最大的特点就是热衷于搜集和打听小道消息，然后窜到人堆里眉飞色舞地将自己"所听所看"添油加醋地"演绎"一遍，以获得众人的嬉笑声或是责骂声为乐。这样的女人，给人的感觉是粗俗不堪，道德品德低下，是极为让人讨厌的。

邻居家张大婶，早些年单位效益不好就退休在家，儿女们又都到外地去工作了，她在家闲来无事，就整天在小区里四处转悠，听听张三家保姆唠叨唠叨，去李四家看看老太太，然后又拉上王五年过五旬的老伴儿出去逛逛聊聊，反正是通过各种途径搜集各种信息，哪家夫妻闹离婚了，哪家孩子年过三十了还未处对象，哪家穷亲戚多老是要他们贴补，等等。反正是是非非长长短短都进了她的耳朵里。她知道也就罢了，还要逮住各种闲聊的机会把她所搜集到的这些信息绘声绘色地传递出去，然后一传十，十传百……弄得小区里各种"花边新闻"满天飞。那些很不幸成为"花边新闻"主角的住户，走在小区里免不了被一些年长的大婶"问候"。不知道多少住户发出"这日子还怎么过啊""这小区还住得下去吗"这样无奈的感慨。不知道有多少住户对张大婶以及跟着张大婶传播小道消息的大姑大婶们恨得咬牙切齿。

背后说人是非，不仅会使自己的名誉严重损毁，还有可能与人结下仇和怨。这又何必呢？几个女人聚在一起聊天，闲话家常没什么不可，但是把别人的是是非非和长长短短拿出来"说三道四"，终是害人、害己。

肖静意外地被调到了一个新的工作单位，因她长得白白净净的，五官也很精致，加上她看起来也还算有品位，每天都变着花样儿穿搭各种时尚服饰，给人一种清新靓丽的感觉，所以同事们都很喜欢她，觉得看着美美的她干活是一种享受。不过很快，大家都不再喜欢她了，因为大家都明显感觉到自己被她的"高颜值"给欺骗了，她其实是个有着美丽外表的"长舌妇"，她很爱说别人闲话，上至领导，下至普通同事，无一幸免。

一天，肖静去银行办事，偶遇旧单位的同事王华，两人在等候叫号办理业务时坐下来聊了聊。王华问她在新单位习不习惯，跟同事相处得好不好，领导有没有特别器重她。你知道肖静是怎么回答的吗？她说，不管是领导还是同事，她都不敢跟他们接触太过紧密。王华就问她，是不是因为自己长得太漂亮了，怕引起什么误会。肖静摇摇头说，这个单位人际关系太复杂。他们有个副职领导把自己的亲侄女直接安排到了采购部，不知道每年能捞多少好处呢；有个正职领导，把家里两个啥都不会的亲戚安排进了一个闲置的部门，每天就"坐吃等死"；还有分公司里把控重要部门大权的不是这个领导的夫人就是那个领导的小舅子，你也别以为扫地的大妈和看门的大叔没后台没背景，其实个个都大有来头，不是这个领导介绍进来的就是那个领导推荐的，反正偌大一个公司，你谁也不要得罪就对了……

　　肖静和王华聊得正起劲儿呢，全然不知道她俩身后，坐着一个肖静的同事。这位同事后来把在银行听到的肖静说的那些话跟另一个同事小张说了，小张不太相信，就找了个机会悄悄地问肖静。肖静毫不犹豫地回答说，她从不造谣，她说的那些事儿"千真万确"，不仅如此，肖静还告诉小张，新来的项目部经理可是大老板的千金，据说这位千金小姐可是海归人士，不仅会各国语言，手上的证书也多得不得了，大老板似乎有意栽培她做接班人。此消息从肖静口中传出，再经小张散播一轮，结果传到了大老板前妻的耳朵里，她带着一万个不爽跑到公司里找大老板理论为什么不栽培自己跟他所生的儿子，而是要栽培他跟现任妻子所生的女儿，大老板被气得脸都绿了，大老板的千金更是恨得牙痒痒。当她知道"谣言"是从肖静口中散播出去的，就联合了那些曾经被肖静爆过"猛料"的同事，制造了一些工作事故栽赃嫁祸给肖静，然后顺理成章地把肖静给炒鱿鱼了。

成为无业游民的肖静找王华帮忙，看看能否帮她牵线搭桥让她再回原来那个单位工作，可是王华很委婉地告诉她，当初旧单位领导之所以要把她调走，就是因为她在背地里说了领导的闲话，如今她被新单位炒了鱿鱼，旧单位的领导不知道多开心呢。王华都这么说了，肖静还能怎么办？除了后悔还是后悔。

"静坐常思己过，闲谈莫论人非。"这是女人必须具备的素质和修养。喜欢说别人闲话的女人，长得再漂亮在别人眼里也是丑陋不堪的；喜欢背地里说人长短的女人，学识阅历再高在别人眼里也是品德低下的。这样的女人，是绝对不讨人喜的，甚至人人憎，人人恨。所以，我们绝对不能做这样的女人，绝不能做长舌妇，要做就做知性优雅、品德高尚的女人，做端庄娴静、谦和贤惠的女人。

道歉是一个人有素养的标志，是一个人态度诚恳的魅力所在。人与人在交流的过程中，偶尔说错话是难免的，说错了不要紧，只要及时道歉，一切问题和矛盾都会迎刃而解。

大学毕业聚餐那晚，雨涵和陆羽相拥在一起久久不舍得分开。大学四年，两人同吃同住，甚至还一同喜欢隔壁班的大帅哥吴进，大家都说她们是一对"双生姐妹花"，这辈子恐怕是怎么也打不散的了。谁知，毕业还不到一年，就收到了她俩翻脸的消息。

吴进喜欢的是雨涵，大二的时候就表白成功，两人顺利牵手，陆羽大方地表示祝福。雨涵和吴进在一起差不多两年了，临毕业的时候雨涵以"志趣不相投"和"性格不合"为由跟吴进提出了分手。吴进伤心不已，陆羽受雨涵之托去安慰他。毕业之后，雨涵很快就跟公司里的一个中层领导好上了，而吴进对陆羽渐生情愫，主动对陆羽发起了进攻，陆羽在吴进的柔情攻势下找回了当年心动的感觉。

雨涵知道陆羽跟吴进在一起了，向陆羽当年祝福她跟吴进那样送上衷心的祝福，并约她出来坐坐聊聊。当晚，雨涵跟陆羽在一家咖啡馆见面，两姐妹刚开始聊彼此的工作和生活聊得还挺愉快的，当聊到感情时，雨涵说自己现在的男朋友家境不错，收入也高，只不过脾气有些大，她总是要迁就他，她为此很难受，所以，有时还是很怀念吴进的，吴进脾气好，对她是百依百顺的，就是家里条件不太好。陆羽听雨涵这么说，心里有点儿不太高兴，但是吴进跟雨涵确实有一段过去，这是不争的事实，她只能接受。不知道雨涵是压抑得太久了还是对吴进念念不忘，不停地在念叨吴进的好。陆羽一直耐着性子不动声色地听，可是当雨涵说到"不曾想，自己最好的朋友竟然穿了自己曾经穿过的旧鞋"这么一句话时，她实在是忍不住了，直接打断雨涵说："当年的情已断，你再回忆也只是个记忆。不管怎样，你跟他已是过去式，我跟他才是进行时。"雨涵听罢愣了一下，随口说了句："如果我现在回去找吴进，说不定他还是会选择我。"这句话实在是太刺耳了，陆羽接受不了，甩下一句"有本事你就试试看"之后愤然离开。

我们知道了这事之后，都劝雨涵要及时跟陆羽联系，道个歉，请求她看在姐俩这么多年相知的情分上原谅自己，可是雨涵拉不下面子，始终不肯主动迈出"道歉"的步伐，结果，两人从此之后不再有任何联系，多年的姐妹情，因一句无心之失的话给破坏了。

虽说我们的大脑可以控制我们的语言，但是很多时候，因心直口快、一时感触抑或是大脑暂时短路等原因，我们会说出一些不经过大脑思考的话，伤了别人的心，也伤了彼此的情谊。怎么办呢？八个字：及时道歉，请求原谅。

承认错误，是勇者，及时道歉，是睿者。人无完人，总会有做错事说错话的时候。说错话，并不是什么可耻的事，只要我们及时反省，勇于认错，还是可以挽回感情损失的。

那天中午跟办公室的姐妹小张和小王一起去单位旁边新开的火锅店用餐，正巧碰上公司其他部门的王姐、张姐和小黎，相请不如偶遇，大家一拍即合围坐在一起，共同用餐，天南地北地聊了起来。席间，聊到生孩子的问题，王姐随口就来了句："小张，你那个孩子如果保住了话，现在有一岁了吧？"
小张一听这话，脸立马黑了下来，大家顿时感到气氛不对，王
姐这个马大哈，没反应过来，就又接着说了句："哎，打掉一
个孩子，多一个冤魂，真是作孽啊。"小张听罢这句话，瞪了
王姐一眼，一句话也没说，起身就走。王姐这才意识到自己说
错话了。小张也不想把肚子里的小宝宝给拿掉的，可是小家伙
实在是发育得不好，她为此不知道哭了多久呢。

　　王姐知道自己刚才说的话实在是不妥，简直就是在小张的
伤口上撒了一把盐，大家同事一场，以后抬头不见低头见的，
她不想从此之后跟小张成为"无话可说"的死对头，故紧张地
问我们该怎么办。小王她们几个认为，道歉必须要及时。因为
小张生气走之前并没吃什么东西，所以建议王姐赶紧打包一份
饭菜去小张的办公室，诚诚恳恳地跟她道个歉，小张不是个小
气之人，她应该会原谅王姐的。可是张姐和小黎觉得小张还在
气头上，王姐现在去道歉，说不定不仅求不得原谅，还可能火
上浇油，建议王姐缓缓再去道歉，让小张自己先冷静冷静。

　　大家的建议各有伯仲，王姐想了想，决定还是赶紧道歉的
好，不想心中压一块石头，让自己难受，故按照小王的建议去
做了。果然，小张见张姐如此有诚意，也就不再生她的气了，

跟她握手言和，开开心心地把王姐给她打包的饭菜吃了。两人之后还是好同事，见了面也有说有笑的。王姐说，幸好她及时跟小张道歉了，若是迟几天的话，恐怕已经跟小张结下梁子了，见面就尴尬了。

是的，凡事都要"打铁趁热"，道歉也不例外。只有及时道歉才能把"仇恨""怨恨"都扼杀在摇篮之中。或许，在大家的传统意识中，道歉是一件很没面子的事，殊不知，道歉是一个人有素养的标志，是一个人态度诚恳的魅力所在。

人与人在交流的过程中，偶尔说错话是难免的，但说错了不要紧，只要我们及时道歉，一切问题和矛盾都会迎刃而解，如若不然，因为死要面子而不肯认错、不肯道歉的话，不仅会失去朋友，还会让自己内心不安，这实在是得不偿失。

所以，说错了话千万别犹豫，马上去道歉请求原谅才是王道。

不要恋战，"舌战"不是一场能赢得掌声的战斗

> 唇枪舌剑，是一场没有硝烟的战斗。而这场战斗，绝对不会
> 是一场能赢得掌声的战斗。聪明的女人从来不恋"舌战"，只有
> 傻女人、笨女人，才会把时间和精力浪费在舌战上。

唇枪舌剑，是一场没有硝烟的战斗。而这场战斗，绝对不会是一场能赢得掌声的战斗。所以，聪明的女人，是从来不恋"舌战"的，只有傻女人、笨女人，才会把时间和精力浪费在"舌战"上。恋"舌战"的结果，不仅输了一场"争论"，更输了一场婚姻。

晚上，林子在收拾孩子玩具的时候，老公王强刚应酬完回到家，满身的酒气，林子闻到他身上那股酒味就来气，嘟哝了

他几句，王强酒后也有点儿脾气，回了林子几句，林子就来劲儿了，噼里啪啦地数落王强的各种不是，王强听着冒火，也不停地数落林子，林子也不甘示弱，两人相互埋怨着，后来简直演变成了大声地责骂。王强应该是受了酒精的刺激，跟林子对骂起来，两人的争吵声"震耳欲聋"，把熟睡的孩子吵醒后，孩子大哭不止，同时，惊扰了邻居们的美梦。由于两人对吵的时间持续得太久，邻居们强忍不住，只好拨打110投诉，最后警察上门调停后，邻居们才得以耳根清净。

可是，林子还是不肯善罢甘休，第二天一早起来，就又逮住昨晚的事儿跟王强吵架。酒醒了八九分的王强懒得搭理她，她就自个儿骂得起劲儿，孩子又哭又闹她也不管。王强只好抱着孩子逃离了充斥着高分贝噪音的家。王强说，如果林子再这么不管不顾地"恋战"的话，他们夫妻间的情分恐怕就要缘尽于此了。

有人说，"舌战"绝对是一把破坏感情的利剑，伤人又伤己。可是又有人说了，现在社会存在着太多的不和谐因素了，如邻居因一些小事而对你破口大骂，一些人为抢一个座位、一张票或者其他某个东西而对你出言不逊，等等。在这样的情境下，你还能坐视不理、避而不言吗？你能任其辱骂而不出半点儿声吗？一旦你发声回应，场面必然会不受控制，起冲突、出矛盾引起"舌战"就在所难免。那是不是我们就该认认真真地参与其中，一定要跟对方吵个天翻地覆，吵个"你死我活"，吵出个胜负才肯罢休吗？

这个社会，不是靠"吵"来出人头地的，也不能靠"吵"来获得财富，"舌战"虽说也算得上是一场战斗，但是这场战斗的输与赢是没有任何意义的，"吵"赢了不代表你就是对的，"吵"输了也不代表你就是错的，是非对错早有定论，我们又何必靠"舌战"来分胜负输赢呢？凡事要有个限度，"舌战"也是如此。有理说理，没理就默默地走开。若是遇到没理还要跟你胡搅蛮缠的，直接忽略不计就是了。

楼上在装修，业主吴林琳对卫生间的下水道进行了改造，可能是改造工程做得不好的原因，至少那个排水口做得不好，反正不到一个月卫生间里就开始有积水，然后慢慢地往楼下渗。楼下的业主王霞为此敲开了吴林琳家的门，向她反映此事，希望吴林琳能够整修一下。吴林琳找了帮她改造卫生间的师傅来看，师傅说要进行再改造，得再付人工费和材料费。吴林琳自然是不肯了，她认定了是装修师傅没帮她弄好，搞得渗水影响楼下业主的生活，故执意要装修师傅免费帮她重新改造。装修师傅哪里肯做亏本生意，毫不犹豫地拒绝了，吴林琳气极了，跟装修师傅理论起来，引来了邻居们的围观。本来吴林琳是有理的，装修师傅给她家做的卫生间改造工程不好，吴林琳要求他返工是无可厚非的，但是被装修师傅拒绝之后她心里有气，故大声指责装修师傅不负责任，技术不过关，这点燃了装修师傅心中的无名之火，他回应的声音也越来越大，然后慢慢演变成吼叫，两人就这样你吼我、我吼你，在群众的围观下大战了几个回合依然不肯"休战"。王霞听到吵闹声奔来，把吴林琳拉至一边，吴林琳跟装修师傅的这场"舌战"才被迫画上了休止符。装修师傅愤而离去，而吴林琳也以白眼相送。

"争吵了一轮，那又如何？没有谁输，也没有谁赢，连个解决的方法都没有，你说这是何必呢？"王霞劝吴林琳，想个两全其美的解决办法才是当务之急。

吴林琳想了想，觉得装修师傅说得也有些在理，毕竟当初改造工程完结之后她亲自验收了的，当时没发现有什么问题，谁知道几周之后就出现问题了，有可能是他们家人使用不当，当然，也有可能是她所怀疑的，装修师傅的技术不过关，改造工程做得不好。既然两种可能性都存在，那就各自承担一半的费用，将这个渗水的问题给解决了。

于是，吴林琳在王霞的陪同下去找装修师傅，提出了各自负担一半整修费用的建议，装修师傅还是不肯，坚决表示不予承担任何费用。吴林琳都已经退让一步了，结果还是不圆满，她心里那叫一个气啊，张嘴就要大骂装修师傅，却被王霞及时劝住了。

王霞说，再跟装修师傅争吵一轮，人家也还是不愿意承担一半的费用的，既然如此，我们又何必再跟这种人纠缠呢？那简直就是浪费时间和精力。而且气坏了自己的身体也不值得。不如找其他装修师傅来处理，花点儿钱省点儿心。想想也是，何必跟这种没有责任心又斤斤计较的人废话呢？吴林琳点点头，白了装修师傅一眼，然后默默地拉着王霞离去，找别的装修师傅解决问题去了。

"舌战"耗时耗力又没有任何效果，但还是有很多女人喜欢打响这种"战役"，她们喜欢用嘴皮子来找"逐鹿群雄"的感觉，喜欢感受在"舌战"过程中波澜起伏的气魄，可是，那样的感觉，那样的"气魄"并不能增加你的个人魅力，反而会让人觉得你很霸道，甚至觉得你很"八婆"，这就有损你个人的美好形象了。

所以，聪明的你，一定不会恋上"舌战"的，有事就说事，有理就说理，别太激动，别太较真，把握好"舌战"的尺度，做个收放自如的女人。

守住别人的秘密，或许会比守住自己的秘密还要难，但我们还是要努力去守，努力去做，管住自己的嘴，做个"口风紧"的女人，才能相识满天下，才不会辜负朋友对自己的无比信任。

村上春树在《挪威的森林》里写过这么一句话："每个人都有属于自己的一片森林。"是的，在那片属于自己的森林里，埋藏着属于我们自己的秘密。女人心中的秘密，是藏不住也憋不住的，我们常常会把它说给自己最信任的人听，比如姐妹，比如闺蜜。而女人天生爱聊"八卦"，有些时候，会一时禁不住别人的"盘问"而爆出好姐妹的秘密，如果爆出的秘密无伤大雅的话，或许道个歉求得原谅也就过去了，可是，如果那是好姐妹心中永远无法磨灭的痛的话，说出去了，便会给好姐妹造成二次伤害，其后果可想而知。

隔壁处室的小黄上个月在市中心一家五星级酒店举行婚礼，场面气派不说，新郎还很豪气，现场掏出一把百万名车的钥匙交给她，并当着众亲友的面承诺，家里的财政大权一辈子由小黄掌管，她想怎么花就怎么花，他绝不干涉。那豪气的一幕被婚礼现场的同事传遍了整个单位，所有女同事都很羡慕小黄嫁了个"土豪"老公。

可是小黄却悄悄告诉跟她玩得好的同事露露，其实婚礼上展现出来的大排场都是她的大款父母安排的，她老公的家境其实很不好，她父母怕丢面子，就豪掷千金制造了这么一出"假象"，让所有的人都以为他们的宝贝闺女嫁入了"豪门"。谁会知道，实际上是小黄老公娶了个"豪门"媳妇。虽然小黄一再交代露露"千万不要将这事告诉别人"，但露露终究还是没管住自己的嘴把这事给传了出去，然后一传十，十传百，整个公司都知道了小黄的这个秘密。

"公开的秘密"有着很强的杀伤力，小黄不管到哪儿，都会听到有同事在议论她和她老公，多难听的话都有，比如有说她老公是个小白脸吃软饭的，她仗着自己家里有钱欺负她老公，等等。反正她听着很难受就是了。露露知道自己不该将小黄的秘密传播出去，她看到小黄那么难受，心里也很不好受，可是不说都说了，不传也都传开了，她还能怎么样？小黄对露露实在很失望，没想到自己交了个"大嘴巴"朋友。不过事已至此，除了了断这份情谊，她还能做什么呢？若有地洞的话，还可以钻进去避避，可惜没有，她只好递交了辞呈，远离这个飘满了有关她风言风语的地方。

别人信任你，把你当知心朋友，跟你倾吐自己的痛苦，诉说自己的秘密，就是为了解压，为了让自己的心能够放轻松一点儿，如果你口风不紧，没把别人的"秘密"给守住，反而是散播出去，那不是无形中给别人增加了负担和压力吗？这违背了别人告诉你她秘密的初衷，别人自然也就不会再信任你，你们之间的情谊，恐怕在你开口说出别人秘密的那一瞬间就变得支离破碎了。试问，如此守不住秘密的人，会有人愿意跟她做朋友吗？只有将他人的秘密深藏于心底而不外传的女人，才会受人欢迎，才会朋友遍天下。

前段时间，文友李依依约伍华到北上广走走，散散心。她俩带上简单的行李就出发了。本来伍华以为这场旅行是两个寂寞女人的单调旅行，可没想到，她们的旅途实在太精彩了，一路上都有依依的好朋友出来接待她们，带她们游山玩水，吃当地的美食，看当地的特色景点，有的还特意从其他地方飞来与她们汇合，与她们结伴同行……

当她们来到旅途的首站北京时，依依的几个好朋友已经先到达了，她们知道依依要出来走走看看，特意请了假过来作陪。伍华算是托了依依的福，认识了几个新朋友，跟着她们一起在一个陌生的城市游走，感受着陌生的气息带来的兴奋，品尝着陌生的食物带来的暖心。

虽然伍华跟依依的几个好朋友在旅途中，畅谈人生、文学、未来、婚姻和家庭，大家聊得十分愉快，但是伍华知道，她们并未向信任依依那样信任伍华，因为她们跟伍华聊的那些，都不是什么秘密，她们可以告诉伍华，也可以告诉别人。而她们私下跟依依聊的，才是藏在心底最深处的秘密。这是依依在到达北京之前，告诉伍华的。

依依说，她跟她们是通过一个网站认识的。当年，那个网站初开，需要一些文友兼职做网站编辑，义务在后台帮忙审核稿件。依依经人介绍加入了这个网站的编辑队伍，然后就与她们认识了。她们彼此生活在不同的城市，为了方便交流，她们建了一个QQ群，常常在上面聊一些自己的事，虽然大家未曾谋面，但是感情很好，有什么快乐的事，难过的事，都会在群里说一说。而依依是最活跃的一个，只要有姐妹在群里说话，她必然会跳出来回应。若是知道谁哪天不开心了，她便会私下跟她聊聊，开解开解她。时间一久，大家都很信任依依，因为依依从未向自己以外的任何人透露过，所以大家经常会把自己的秘密告诉依依。伍华开玩笑地问依依都知道她们些什么秘密，依依说，她会把大家的秘密深深地藏于心底带进棺材，毕生也绝对不会透露半句。

伍华想，或许这就是依依有那么多五湖四海的朋友的原因吧。为了证实自己的猜测，伍华问了几个跟依依和她同行的姐妹，大家一致表示，依依是个"口风紧"的女子，任何秘密进入她的耳朵里，绝对是被她冷藏起来的，她至死也不会将朋友的任何一个秘密给传出去。所以，大家很喜欢跟她说秘密，聊心事，说她是一个可以交心的朋友。

是的，"口风紧"的女人，能保守秘密的女人，是值得信赖的朋友，值得交心的朋友，值得我们以诚相待、以心相护的朋友。可有时，守住别人的秘密，或许会比守住自己的秘密还要难，但我们还是要努力去守，努力去做，管住自己的嘴，做个"口风紧"的女人，才能相识满天下，才不会辜负朋友对自己的无比信任。

能言善道的女人，

能将刺耳变悦耳

第六章

巧听善言的女人，
能够截取有用的信息展开交流；
善言巧说的女人，
能够用真挚的语言打动人心；
能言善道的女人，
能够将刺耳的声音转变成悦耳的声音。

1 | 适时地附和，传递的是一份好修养

> 适时地附和，是一种心与心相互契合的过程。别人在跟你进行交流的过程中，你除了倾听之外，更需要给予适时的附和与回应。这不仅是尊重他人的表现，更是注重自我修养的良性表现。

虽说"随声附和"是个贬义词，但是在现实生活中，我们需要调整一下对"附和"一词的看法和用法，需要将"随时"改为"适时"。

娜娜和吴宇跟领导一起飞去异国参加双边会议。旅途中，领导又开始不停地讲自己当年的英勇事迹，吴宇一脸的不耐烦。每逢出差，领导总会把他过去的事拿出来讲一遍，第一次吴宇还会附和一下，可是听了无数次之后，她就再也没有附和

的激情了，恨不得自己嗓子哑，说不出话不用搭理领导。可是娜娜却不同，不管领导讲了多少遍，每一遍她都会很认真地听，然后适时地附和几句恭维一下领导，让领导乐一乐。

吴宇趁领导去洗手间的空档问娜娜，怎么你听了N+1次了，还有心情随声附和领导，那多无聊啊。娜娜说，她不是随声附和领导，而是适时地附和。领导说给我们听，就是要跟我们分享，就是需要我们给予他掌声，适时地附和，就是对他最大的尊重和最大的肯定。就像倾听一样，别人在说，你若是不听或是表现出不耐烦，给人的印象自然不会好到哪里去。如果你在倾听的过程中，适时地鼓励一句，安慰一句，或许对你而言，只不过是举手之劳罢了，可是对倾诉者而言，那是莫大的支持和帮助。

适时地附和，传递的是一种修养。聪明的女人，绝对具备这等修养。或许有人会说，附和别人话的女人，不是"马屁精"就是"无脑人"，反正这样的女人遭人看不起就是了。然而，在女人的一生之中，要扮演无数个角色，在婚姻中要扮演好妻子，在家庭中要扮演好女儿、好媳妇、好母亲，在职场上要扮演好员工、好领导、好下属，在社交场合上要扮演好朋友、知心人，每天要在这么多个角色中不停地切换，如果不懂得适时地附和的话，指不定多说了哪一句不走心的话，就得罪了谁，落得个不良后果。

　　我想，大家可能要搞清楚一点的是，"适时附和"并不是形容那些没有主见的人，别人怎么说就跟着怎么说，而是形容在一定的环境下，一定的需求下，我们要应和别人的话，这个"别人"，可以是上司，可以是朋友，可以是爱人，甚至可以是长辈，对这些"别人"而言，你附和的话，你说起来可能无足轻重，可能云淡风轻，可是对他们来说，那有可能是莫大的信任和支持，也有可能是一颗定心丸，这绝对会是人与人之间良性沟通的助推器。

　　好姐妹明霞结婚一年多了，夫妻俩为了拼事业，一直不肯要孩子。她的婆婆着急了，电话催，视频催，两口子还是不松口要孩子，结果老人家只好千里迢迢跑来跟他们住，硬是要说服两人开启"造人"计划。

　　婆婆刚来的几天，家里大小事务婆婆都帮忙打理得井井有条的，明霞下班回到家就有一口热饭吃，心里不知道多高兴呢，就算婆婆爱唠叨，总是在饭桌上或是饭后看电视时挑起生孩子的话题，不过明霞装作听不见，不搭话就是了。婆媳关系如此看来，还算不错，相处得也还挺好的。

可是，时间久了，明霞就开始不耐烦了。每次婆婆一说起生孩子的话题，她立马转移话题，若是她婆婆还执意要聊下去，她就一言不发地走开，装哑巴不行就躲开，反正听不见为静。然而，老这么躲下去也不是办法。于是，她跟老公抱怨，委婉地建议老公做做她婆婆的思想工作，让她回自己家去，让他们小两口过过二人世界。

明霞老公十分疼爱她，但是又不敢得罪自己的亲妈，磨磨蹭蹭的不敢请亲妈回去。没办法，明霞要继续忍受婆婆的唠叨和有意无意地"说服"。可是，人的忍耐程度是有限的，明霞忍了两三个月，实在忍不住了，就以出差为名，住到了闺蜜李丽家。

李丽问明霞到底发生什么事儿了弄得要离家出走，明霞把家里的事前前后后都告诉了李丽，李丽笑笑说，多大点儿事，不就是催生孩子吗，你先应承了，让她老人家开心了，她自然就会安心回自个儿家去陪老爷子了。

有这么简单吗？明霞半信半疑。不过，还是决定按照李丽说的去做。她搬回家住的那晚，婆婆给她准备了一大桌子好菜，她吃得津津有味之时，婆婆就又说起生孩子的事了。明霞一反常态，适时地附和道：是啊，一个家里没个孩子，都不热闹的。婆婆见明霞附和自己，接着说，趁年轻赶紧生，老人家身体好还能帮着带一下。明霞附和着说，自己年纪确实慢慢大了，是时候考虑要孩子了。婆婆一听明霞这话，咧开嘴笑了。第二天就忙着收拾行李要走，说要给两口子营造一个宽松的"造人"环境，她这么大一个人杵在家里，他们行动起来始终不方便。明霞趁机附和着说，那您老慢走，等有孩子了您再来。就这样，明霞的婆婆乐呵呵地走了，她顿时耳根清净了。

身为女人，哪个不想要事业有事业，要家庭有家庭，要幸福有幸福，要未来有未来呢，可是我们想要的这些东西，都必须靠我们的一张嘴和一双手去努力获得。对于女人而言，要扮演好各种各样的角色，嘴巴不利索，不掌握一些沟通技巧，不善于打开人际关系网的话，根本就无法随时切换各种角色。所以，我们要用好这张嘴，学会适时地附和，为自己搭建起一座能够与人进行友好交流和沟通的桥梁。

适时地附和，是一种有效沟通的方式。

适时地附和，是一种良性互动的方法。

适时地附和，是一种心与心相互契合的过程。

别人在跟你进行交流的过程中，你除了倾听之外，更需要给予适时地附和回应。这不仅是尊重他人的表现，更是自我修养的良性表现。

2 / 把说话的机会留给别人，有可能是把机会留给自己

多给别人一些说话的机会，听听别人的经历和想法，能够从别人的身上汲取到一些有用的东西，多给自己积蓄一些能量，让自己变得更加强大，何乐而不为呢？

上周末去参加大学毕业十周年的同学聚会，在下午的座谈会上，身为主持人之一的班长，刚一上台念完开场白就开始发感慨，洋洋洒洒地讲了一大堆关于她这十年来的奋斗经历，男主持坐在我旁边，焦急的很，不停地问我他到底还要不要上去搭档主持。不上去的话似乎又辜负了全班同学的一片心意，毕竟他是全班近40名同学共同投票选出来的，要跟班长男女搭配的主持人。可若是按照早就拟定好的策划方案上去主持的话，

班长自个儿在台上讲个不停，他突然冲上去又显得太突兀了，弄得他真是左右为难。

就在班长高谈阔论差不多半个小时的时候，台下的同学们有些不耐烦了，个个蠕动着身子表示"抗议"，不想再听班长继续讲她的个人经历了，同学聚会吗，而且还是十年一聚，大家都会有很多的话要说，可是相聚的时间实在是太短暂了，接下来每位到场的同学都还要上台简单地介绍一下自己的现况，而且后面有给老师献花和跟未到场的同学视频连线等环节，如果时间不把握好的话，晚宴谢师恩和消夜畅谈人生的环节就会受到影响。

于是，我跟男主持人说，救场和救时间的艰巨任务就交给你了。不管怎样，你都得想办法上台去跟班长一起搭档主持，把时间严格把控好，让后面的各个环节能够按时顺利地进行。结果，男主持人逮住班长哽咽的机会冲上台去，将现场的局面和时间都给控制住了。

事后，班长似乎有些不高兴，发了一条意有所指的朋友圈，说我们大家不尊重她之类的话。我是这么回复她的：我们是个说话者，同时也要做个聆听者。多给别人说话的机会，有可能是把机会留给自己。

我不知道我们的班长有没有看懂我给她的留言，反正其他同学是看懂了。多给别人一些说话的机会，听听别人的经历和想法，能够从别人的身上汲取到一些有用的东西，多给自己积蓄一些能量，让自己变得更加强大，何乐而不为呢？而且，通过倾听别人说话，可以更深入地了解别人，这不就是一个增进彼此感情的好机会吗？

　　或许很多人都有这样的想法，那就是抓住一切可以抓住的机会来表现自己，觉得多说话就能够让别人更了解自己，更能将自己的才华示众。确实，语言是一把很好的测量学问深浅的尺子，别人可以通过你说的话来认识你，测试和判断你的学识的深浅，但是并不是你滔滔不绝说得越多，展现出来的学识就越渊博。实际上，话要说，但是要说得适量、适当，该给别人机会说的时候就要认真地做个聆听者。你话说太多了，费精力不说，还吃力不讨好，还有可能得罪了别人，引起别人的不满，何必呢？

　　一个好的说话者，绝对是一个好的聆听者。只有多给别人说话的机会，才会赢得更多朋友的支持，才能得到更多发展自我的机会。

我曾受身为某校校长朋友的邀约，去他们学校开展一个文学讲座。去之前准备了厚厚一沓发言稿，我初步估算，至少要讲一个多小时。本来原定计划这个座谈会至少要开三个小时，可是座谈会即将举行时，我接到一个电话，有急事要赶回办公室处理，只好跟朋友协商临时把座谈会的时间压缩到一个半小时。

　　我揣着长长的稿子坐在台上，心里有些忐忑。这份发言稿我精心准备了很长一段时间，若是不念完，真是可惜了，但若是一字不落地念完，就要取消互动环节，台下的学生朋友们不再有机会向我现场提问。斟酌再三，我决定捡重点用发散思维脱稿讲，把时间严格控制在40分钟左右，剩下的时间就交给台下的学生朋友和校长朋友。

　　结果，我大概只讲了半个多小时就进入了互动提问环节。这个环节气氛真是太活跃了，大家争先恐后地问我问题。有作文向来拿不到高分的同学问我怎么才能写出高分作文；有喜欢文学的同学问我怎么才能够写出编辑青睐的稿件，怎样才能出版个人专著，等等。看到同学们那一双双渴求的眼神，我倍感欣慰，他们让我看到了文学圈未来的发展，看到了新一代年轻的作家正在成长。与这些相比，浪费我一沓发言稿算什么。最后还剩十分钟，我的校长朋友上台做总结，他把对我的崇拜，对我的敬重，对我作品的感悟一一道来，真没想到我在校长朋友心中有着这么重的分量。

之后，留了我联系方式的同学，经常会给我发邮件打电话，问我一些有关文学的问题，有的也会跟我畅谈自己的理想和人生，跟他们做朋友，我感觉自己年轻了许多，跟他们交流，我的写作素材也增加了许多。而我跟校长朋友的联系也更加紧密了，两人互助互爱，共同进步。

还是那句老话：力的作用是相互的。你给了别人说话的机会，别人也会给你带来一些发展自我的好机会。

每个人都有发言的欲望，也都想自己能够成为全场的焦点，且女人较之于男人更甚。大家可以试想一下，若是几个朋友或是同事聚在一起聊天，就你一个人口若悬河，让其他几个人只能做你的绿叶陪衬，你觉得之后有你在的聚会，还会有几个人参加呢？你觉得还会有人愿意跟你深交做朋友吗？如果你是领导，你会喜欢有这样一个独霸全场的下属吗？

交流和沟通是相互的。只顾自己说，不让别人说，即使你再能干，说得再动听，别人也会觉得你是夸夸其谈，华而不实。与其说个不停给人留下不好的印象，惹人不高兴，不如大方一点儿，礼貌一点儿，做个认真的聆听者，多给别人一些说话的机会，从别人的话语中吸收养分滋养自己，壮大自己。

3 / 跟不同年龄的人，要说适合那个年龄的话

亚洲顶级畅销书作家刘墉先生曾经说过："不一样的年龄有不一样的说话方法。"跟不同年龄的人交流，说适合那个年龄的话才能与其有共同语言，才能更顺畅地与其进行沟通和交流。

新来的同事小胡，是个"90后"的小姑娘，开朗，健谈，跟谁说话都面带微笑，而且工作能力也不差，可是这样一个看起来爽朗又能干的小女生，却得不到领导的青睐。原因何在？大家也一头雾水。可有一天，领导来我们办公室聊天，小胡正好也在，她跟领导聊了几句，我们大家就都知道原因所在了。

我们的领导是个五十多岁的学者，从事科研工作二三十

年，身上免不了有股老气横秋的味道。以大家对领导这个年龄层的人的了解，他们大多喜欢聊古董钱币聊收藏聊书画，聊孩子的成长教育，聊自己的人生经历，反正就是不太爱聊旅游和美食就对了，因为他们生活的年代比较苦，他们是慢慢熬过来的，当日子过得好起来时，年纪也大了，他们大多数人几十年如一日只在一个城市里待着，哪怕是出差也是速去速回，很少会流连于任何城市任何景点。我们年轻的小胡同志似乎并不知道这些。小胡是个绝对的吃货和旅游者，一到假期就到处去旅游寻找美食。故跟我们领导聊天，也总是爱扯上自己的旅游经历，领导听得很厌烦。一个不会跟领导聊天的人，不知道跟不同年龄的人说适合那个年龄的话的人，领导怎么会喜欢呢？

亚洲顶级畅销书作家刘墉先生就曾经说过："不一样的年龄有不一样的说话方法。"是的，跟不同年龄的人交流，一定要说适合那个年龄的话，这样才能与其有共同语言，才能更顺畅地与其进行沟通和交流。

跟年轻人在一起聊天，聊衣食住行和生活趣事都能很快地打开彼此的话匣子，当然，也可以聊一聊事业，这个年龄段的人，正处于事业上升期；跟中年人聊天，一般来讲都离不开家庭和孩子这两个话题，这个年龄段的人，心态比较沉稳，说话做事都比较成熟，因为事业比较稳定了，步入婚姻殿堂也有一定的年限了，孩子也在慢慢地长大，他们最想聊的，聊起来也最带劲头儿的就是自己这些年走过的路，经历过的事，对他们来说，聊这些话题是一种沉淀，一种经验的传输；而跟年长的人聊天，要放低自己的姿态，要带着谦卑的态度去请教，要虚心地听取他们的建议和意见，毕竟，他们走过的路比我们吃过的盐还要多，他们将他们积累下来的经验和教训传送给我们，能够让我们少走一些弯路。

很久没有回家乡了，前些日子回去，被老同学艳华叫去拜访小学的语文老师王老师。说实话，三十年没有见过王老师了，真不知道该跟她聊些什么。

我带着激动而又紧张的心情，跟艳华一起敲开了王老师家的门。给我们开门的是一个佝偻着背，头发已全白的老太太，我第一眼看过去，并未认出她就是我们的恩师王老师，可她一开口叫我的名字，一种深深的熟悉感袭来，我这才知道，她就是当年那个对我循循教导的师者。真没想到，三十年不见，我们的王老师已经变得这么苍老了。当年，她从学前班开始带我们班，那时她已经快五十岁了。把我们带到毕业，她也光荣地退休了。真的很后悔，应该早些来看望王老师的，而且还应该常常来。艳华说，现在也不迟，以后我们可以常来老师家陪她唠唠嗑。

王老师说，她活到这把岁数了，活一天是一天，每天都指望着有人来陪陪她，哪怕她只是做个听众，也总比自己一个人在家孤独寂寞的好。本来我想跟王老师说说这些年我的经历的，说说这些年自己所受的苦和累，可是艳华说，王老师已八十多岁高龄了，什么风浪没见过，我们受的苦和累在王老师眼中根本就不算什么，她吃过的苦和累不知道要比我们多多少呢。所以，我们不适合跟她聊我们三十几岁人的事，而应该跟她聊她那个年龄层的人爱聊的话题，然后一同回忆一下当年的情景。

王老师跟我奶奶是一个年代的，我常听奶奶讲他们过去的事，对王老师生活和工作的那个年代略有了解，于是，我把从奶奶那里听来的故事拿出来跟王老师聊，王老师非常有兴趣，同时也乐呵呵地跟我们分享她的成长经历，工作经历，分享她退休之后跟老伴儿四处游历的所见所闻，当然，也免不了要抱怨一下远在异乡的孩子很少回家看她一眼，也免不了埋怨一下自己身体不好没法去照顾孙子，见证孙子成长。

或许，只不过三十多岁的我，确实还无法真正理解王老师说这些话时内心的真实感受，但是至少，我跟她聊的话题，是她感兴趣的话题，她跟我说的那些话，也是发自内心的。

　　或许，当时在我看来，王老师说的那些话，对我而言有些遥远，但是她走过的路，经历过的事，很可能在不久的将来，我也要经历一轮，所以，我带着谦卑的心态，请教王老师，该怎样平衡家庭和工作的关系，该如何保持婚姻的稳定和和谐，该如何更好地陪伴和教育孩子等问题，王老师都知而不言，将自己毕生积累的宝贵经验传递给我，让我提前预知将来有可能发生在自己身上的一些事，以便自己事先做好心理准备。本次见面交谈，不管是对我而言还是对王老师而言，我们的内心都是愉快的，我们之间的感情也是真挚的，我们聊天的内容更是十分有意义。

　　很多女人跟人聊天，总喜欢聊自己喜欢聊的话题，说自己喜欢说的事儿，完全不顾对方的年龄、性格和爱好，这样的交流和沟通，毫无疑问，是很难进行下去的。每天我们都会遇到各行各业各个年龄层的人，这些人极有可能就是我们一生的"贵人"，如果我们不注意交流的方式和内容的话，很可能会将这个"贵人"给赶跑。

所以，聪明的女人在跟不同年龄的人说话时，必然会说适合那个年龄的人所说的话，而绝对不会说跨年龄的话，这跟"见什么人，说什么话"是一个道理。

聪明的女人平日里只是简单地跟人打声招呼都会使用"有情感的称谓"，更别说是要与人进入聊天模式了。用"有情感的称谓"来称呼别人，是对别人的尊重，同时也传达着一种真诚，能给人带来愉悦之感。

闺蜜雅雅最近迷上了网上购物。之前她只相信实体店产品，绝对不信任网上商店出售的任何产品，总觉得可能会存在质量问题，可自从那次帮我用网上商店聊天工具跟店家沟通砍价之后，她就疯狂地爱上了网购。我问她，到底是什么原因使她走上了网购的"不归路"，她笑笑说，就一个有情感的称谓。当时，她用我的账号发了个表情给店家，店家立马回复了一句："亲，有什么可以帮助您的吗？"就一个"亲"字，让她欢喜不已，愉快地跟店家进行了深度沟通，结果价格没帮我砍下来，自己倒是用我的账号买了一堆该店家出售的商品，此后更是一发不可收拾，连卫生纸都要网购。雅雅说，她喜欢店家叫她"亲爱的""亲"或是"美女"，她觉得这很温暖，很有感情。而更令我惊讶的是，她跟很多网上店家聊着聊着就聊出了友情，互加了微信，长期保持着联系。

很多姐妹都跟我抱怨说，不管到哪儿做什么，总会要跟陌生人搭讪，真不知道该怎么去跟人打开聊天模式，贸然地走过去跟人家聊天总觉得太突兀了。确实，要跟一个陌生人进入聊天模式，若是不采取一个好的方式方法，估计人家根本就不会理你。

"写的是什么？""给我看一下！"不知道大家每次听到别人这样跟你开启聊天模式时，你心里会不会或多或少有些不高兴呢？反正我是会的。尽管别人这么说，听起来似乎并没有什么语病，也没有什么歧义，而且也很干脆利落，但是我听起来就是觉得有些不太舒服，原因就在于没有称谓似乎很不礼貌，哪怕是你在说事之前多加一个"美女"或是"帅哥"这样华而不实的称谓，效果也比你不加称谓来得好。而聪明的女人，更胜一筹，她们往往是用"有情感的称谓"来开启聊天模式，就像雅雅的那些网上卖家朋友们那样。聪明的女人平日里只是简单地跟人打声招呼都会使用"有情感的称谓"，更别说是要与人进入聊天模式了。

"有情感的称谓"真的可以顺利地开启愉快的聊天之旅吗？答案是肯定的。用"有情感的称谓"来称呼别人，是对别人的尊重，同时也传达着一份真诚，能给人带来愉悦之感，试问，谁会不愿意在如此轻松愉快的环境之下开启聊天模式呢？

李靓和陈希是从小一起长大的姐妹，不知不觉两人就到了婚嫁年龄。由于两人一直以来不是忙着学业就是忙着事业，根本无暇顾及自己的终身大事，两家父母眼睁睁地看着两个姑娘从十八岁长到二十八岁，也没处个对象。一晃俩姑娘就要"奔三"了，两家父母着急啊，所以就找了个时间聚在一起商讨两家姑娘的婚姻大事，四位老人一拍即合，决定在亲戚圈和朋友圈大面积地给姐妹俩物色好的对象。

这天，四位老人给姐妹俩安排了一场相亲会。相亲的对象是亲戚朋友的一对双胞胎儿子阳阳和亮亮。姐妹俩知道自己年纪偏大了，再不在婚姻大事上上点儿心的话，即使没被自己的父母给唠叨死，也会被身边亲朋好友的异样眼光给"杀"死，故都表示会抽时间参加父母大人精心策划安排的相亲活动的。

李靓和陈希说到做到，两人都精心打扮一番后奔赴相亲地点。两姐妹第一眼看到阳阳和亮亮时，眼睛都亮了。这两个小伙子长得真是帅啊。长得这么好的哥俩，怎么会没有女朋友呢？据他们的父母介绍，他们在国外读研时有谈过一段恋爱，但是最终因为各种现实因素一对儿也没成。回国之后，由于工作很忙，鲜少有时间去参加联谊会或是相亲会，偶尔参加过一两次，不过并未遇到合适的。不知道这次跟李靓和陈希两姐妹见面，会不会擦出一点儿火花呢？哪怕只成一对也好啊。

事情并没有大家期待的那样好。由于李靓和陈希都没有半点儿恋爱经验，所以要怎么跟阳阳和亮亮进入聊天模式她们都不懂。两人一坐到阳阳和亮亮对面，就傻愣愣地看着人家俩帅哥，谁也不吭声。阳阳和亮亮身为男孩子，自然要表现出积极主动的一面，哥俩儿轮流抛出话题跟姐妹俩聊，可以说，这次相亲会进行得还算顺利，四个年轻人在散会之后互加了微信。感情是需要慢慢培养的，家里的老人都很期待他们私下多联系之后会产生爱的火花。

不过很可惜的是，虽然李靓和陈希私下跟阳阳和亮亮微信聊天有一段时间了，但还是燃不起爱的火花。可据阳阳和亮亮

233

聪明女人的说话之道

CONGMINGNUERENDESHUOHUAZHIDAO

家的老人说，他们哥俩对李靓和陈希的印象都很不错，也有意跟她们交往，只不过总是打不开那个缺口，也不知为何他们之间的聊天聊得总是很生硬。李靓和陈希听到了这个消息之后，马上开始查找问题。她俩把自己跟对方微信聊天的语音放出来一听，还真是生硬得不得了。比如说，陈希问亮亮："吃饭了没？"亮亮答："吃了。"李靓说："我在加班，你在做什么？"阳阳答："看电视。"这样没情感称谓又没发展空间的你一问我一答，怎么听怎么别扭，怎么听怎么没情趣，他们再这么聊个十年八年，估计也不会有什么感情进展的。

那怎么办呢？姐俩跑来向我这个师姐请教，我告诉她们，说话不要那么生硬是其一，其二就是要学会用有情感的称谓来开启你们的聊天模式。比如你想问对方吃饭了没，你可以这么说，"亲，晚餐有着落了吗？"你这样一问，明摆着是给对方机会，如果对方说还没着落，若是你也还没着落的话，此刻就可以问对方，"可不可以搭个伙儿一起用个晚餐"。这样主动权就在你这里了，你有空的话就跟人家一起吃个饭聊一聊增进感情，若是没空就另约时间，这样不就有了一个很好的开始了吗？在我的提点下，李靓和陈希慢慢摸索，慢慢实践，最终顺利地把阳阳和亮亮给"拿"下了，成了大家都拍手称道的两对儿。

俗话说得好，"男追女隔层山，女追男隔层纱。"女人生得一张会说话的巧嘴比如花美貌来得更实际。男人一般都喜欢吃软不吃硬的，你说话硬邦邦的，甚至连个称呼也没有，男人听了会有感觉吗？你若是常用一些有情感的称谓，如"亲爱的""亲""宝贝""帅哥"等称谓来开启你们的聊天之旅，这过程，必然会是欢愉的，那么结果，必然是美好的。

不要小看一个简单的称谓，有和无差别很大，而有情感的称谓和没情感的称谓差别就更大了。不信，你可以实践试试……

5　注意对方的性格爱好，才能找准话题的切入点

沟通，其实也可以从性格爱好开始。注意对方的性格特点，根据其性格特点来找准话题的切入点，这要比心灵上的交流来得更加实际一些。

"沟通，从心开始"，是社交界广为流传的一种方法。人们都非常重视心灵上的交流，认为只有达成了心灵上的共鸣，沟通才能顺利地进行下去。其实，沟通，也可以从性格爱好开始。注意对方的性格爱好，根据其性格特点和爱好特长寻找到话题的切入点，要比心灵上的交流来得更加实际一些。

闺蜜彭朋要出国学习很长一段时间，她把十三岁的女儿小新寄养在我们家。虽然我已为人母，可我女儿还小，只不过

五岁而已，所以平日里我跟女儿相处，都是"连哄带骗"的，但这方法显然不适合拿来"对付"一个中学生，这让我十分焦虑，不知道到底该怎么跟这个突然造访的十多岁的小女生相处和沟通。有朋友跟我说，沟通从心开始，你就用心跟她沟通吧，让她感受到你的真心和真意就行了。可是我家黄先生说，用心去沟通，这个太虚了，得用实际一点的方法。

什么才是比较实际一点的方法呢？据我观察，小新的性格似乎有些过于内向，她不太喜欢跟人说话，你问她一句，她时不时才简单地答你一句，所以你想要她跟你打开话匣子，恐怕真是有些难度。于是，我向小新的妈妈彭朋讨教，彭朋这才告诉我说，小新两岁的时候因疑似自闭症接受了一段时间的治疗，后来虽有好转，但还是有点儿轻度的社交障碍症。难怪，我感觉跟她交流真的有些困难，反正不管我说什么，她不是点头就是摇头，即使回答我的问题也不会看着我的眼睛，就好像我是在跟另一个时空里的人说话似的。小新的妈妈还告诉我，小新从小就有音乐天分，对钢琴天生就有一种敏感度，手一触碰到琴键就好像着了魔似的。她也很喜欢玩各种乐器，常见的乐器到她手上，必然能够奏出好听的曲子。在知道了小新的性格特点和爱好特长之后，我顿时豁然开朗，知道自己怎么做才能更好地与她进行交流了。

　　小新有轻度的社交障碍症，你一味地找她聊天，她根本就不会搭理你，如此的话，你还怎么走进她的心里？所以，沟通从心开始，这个方法根本就不适合用在小新这种性格比较特殊的人身上。于是，我改变策略，既然她不太爱理我，不太愿意跟我说话，那我就少说点，她喜欢弹琴，我就静静地坐在一旁看她弹，偶尔也坐下来陪她弹一弹，她喜欢玩乐器，我就去找教音乐的朋友借来一些乐器任由她摆弄。然后，我装作很好学的样子，请求她教我弹奏一些简单的曲目，她见我一副很真诚的样子，故很爽快地答应了。之后，只要我一下班回到家，她就拉着我学琴学鼓，在教与学的过程中，她慢慢开始跟我说话了，起初跟我聊的都是音乐方面的，渐渐地，在我的开导和带动下，她开始跟我聊她们班的趣事，聊她跟妈妈生活的片段。

　　有时，小新会主动跟我聊起她的爸爸，一个早早弃她们母女而不顾的没有责任心的男人，不过她说她并不恨她的爸爸，她只希望妈妈工作不要太辛苦，能够过得开心快乐一些。这些话，她从未跟她的妈妈说过，反而跟我说了，这让我倍感欣慰，终于没有枉费我花时间、花心思、花精力去研究怎么跟她相处和沟通，怎么走进她的内心。

人的性格有很多种，有外向的，有内向的，也有像小新这样有着特殊性格的。我们要根据他们的性格特点来寻找适合他们的方式方法跟他们进行沟通，这样才会取得良好的成效。

人的爱好也有很多种，有的人喜欢吃喝玩乐，你跟这样的人聊人生理想，人家是铁定提不起半点儿兴趣的；有的人喜欢学术钻研，你跟这样的人聊吃和玩，人家或许根本就不屑于跟你聊天；有的人喜欢刺激冒险，你跟这样的人聊安逸平淡，人家会有兴致跟你聊下去吗？

上个月，去梧州藤县出差，正巧有位远方的朋友晓春也在藤县，我们俩就相约一起去看望乔老太太。乔老太太是我跟晓春在北京读书时的恩师乔老师的夫人。乔老师退休之后也一直居住在北京教学，而乔老太太退休之后就独自回到故乡藤县居住了。受乔老师之托，同在广西的我，常常抽时间去看望乔老太太，所以我和乔老太太的感情也比较好，能够天南地北前世今生地聊。晓春在北方居住，未曾到藤县看望过乔老太太，所以对乔老太太有着一定的陌生感。故在去乔老太太家之前，晓春十分紧张和不安，不知道自己将要见到一个怎样的老太太。是脾气暴躁的还是温顺柔和的？是侃侃而谈的还是沉默寡言的？也不知道乔老太太喜欢什么忌讳什么，她到底要跟乔老太太聊些什么才好。我告诉晓春，乔老太太为人很随和，什么都可以聊，没有特别不喜欢聊的话题。她一直在研究古诗词，如果你也对古诗词有研究的话，可以跟她聊聊这个。或许是跟乔老师分开得太久了吧，她现在只要一听到有关乔老师的消息就会开心得像个孩子似的，如果近来你有见过乔老师，可以跟乔老太太聊聊你跟乔老师见面的趣事。

从我这里了解到了乔老太太的性格爱好，晓春做足了准备工作，故跟乔老太太的交流十分顺畅，临走时，乔老太太还拉着晓春的手依依不舍地说："下次来我们家小住几日，咱们好好聊聊。"为此，晓春无比开心，不知道多感谢我事先给她"通了气"呢。

其实，晓春谢我还不如谢她自己呢，为了能够跟乔老太太进行良性的沟通，她主动找我打听有关乔老太太的信息，并根据乔老太太的喜好做好聊天内容的准备。这么用心的人，乔老太太怎么会不喜欢呢？

沟通看起来是一门高深的艺术，无法掌控，但实际上要掌握好这门艺术并不难，尤其是对于天生就具有"语言天赋"的女人而言，更不在话下。只要我们像晓春那样多做准备工作，多去了解沟通对象的性格特点和特长爱好，并根据所了解到的信息寻找有趣的话题，寻找合适的切入点，然后再采用一定的聊天技巧来开启聊天模式，这样就一定能够使聊天之旅愉快而又意犹未尽。

> 读懂人心，有利于促进人与人之间的良性沟通，稳固人与人之间的和谐关系；读懂人心，能够使人更好地为人处世；读懂人心，能够让人看清周边的环境，更好地保护自己。

随着科技日渐发达，人与人之间的距离变得越来越近了，哪怕是在地球的两端，也可以通过视频进行"面对面"的沟通和交流，真可谓是"远在天边，近在咫尺"了。可是，人与人之间的心理距离，是不是也随着生活距离的变近而变得近起来呢？答案是否定的。

尽管我们可以随时随地跟千里之外的人连线沟通，但是不是大家都彼此信任互相理解彼此包容呢？你最好的朋友也有可能会背叛你，与你同床共枕的人也有可能心里跟着别人。真是世事难料，人心叵测啊。

闺蜜王萌是个看起来超级幸福的全职太太，每天都傻乎乎地在家看孩子做美容。殊不知，自己已与社会脱节太久，跟自己的丈夫已经不在一个频道上了，她不懂丈夫在外工作的辛苦和辛酸，当然，她丈夫也不会跟她讲，因为他觉得跟她讲简直就是牛头不对马嘴，怎么讲她也是听不懂的，更帮不了他，久而久之，他连话都懒得跟她说，更别说是交心了。如果一对夫妻连最基本的沟通都成问题时，那么离婚姻亮起红灯也就不远了。

王萌对于丈夫不再愿意跟自己沟通，甚至常常以加班为借口不回家她也没觉得有什么不妥，反而觉得丈夫经常不在家自己反而落得个轻松。我们大家都劝她说，这样的婚姻生活不太正常，让她赶紧想办法维护一下隐藏着危机的婚姻，可是她很自信地说，她跟丈夫的感情坚不可摧。

然而，还是有那么一天，她自认为坚不可摧的感情被她心爱的丈夫给摧毁了。她丈夫对她说，他真的没法再跟她一起过下去了，他需要的是一个知心爱人，而她，不再懂他的心，也不再能和他交心。心已不再，再挽留也是枉然。故他们离婚了。

当王萌渐渐从离婚的阴影中走出来，约我们几个闺蜜出来闲坐时，聊起她那段失败的婚姻时，她说，如果我会读懂人心的话，便能够在丈夫的心慢慢离自己远去时采取一些有效措施将其拉回，如忆当年，以情挽留；如安排一次旅行，让自己能够有足够的时间跟丈夫好好地聊一聊；又或者走婆婆政策，请老人来家里住协调一下夫妻感情……

人这一辈子，虽然只不过短短几十年，但是谁也无法保证，你最爱的人一辈子都跟你心灵相通，守护在你身边；谁也无法保证，你最信任的人一辈子都不会中伤你，离开你。人与人之间，也还是会存留一丝戒备之心的，哪怕是你最亲近的人，或许你都没办法将自己的整颗心掏出来给对方。所以，我们要学会读懂人心，利用人性，为己为彼搭建起良性沟通的桥梁。

师妹秦秦跟自己的亲妹妹淮淮对簿公堂。两人的代表律师在法庭上唇枪舌剑，而两人在法庭外也闹得不可开交。原因是父母车祸双亡留下的遗产，两人一直协商不下来怎么合理分配而闹上法庭，等待法官判决。

秦秦的意见是，父母留下的房产姐妹二人共同打理，新房子出租，租金姐妹二人平分，父母一直住着的旧房子就让它闲置着，姐妹俩逢年过节可以带孩子回去看看，小住一下。至于其他的股票基金，就卖掉姐妹二人平分。可是淮淮却要将父母留下的所有房产和基金股票一起卖掉，钱一分为二，如果姐姐秦秦不愿卖的话，就评估一下父母到底一共留下多少遗产，让姐姐补一半的差价给她，父母留下的所有财产就全部转给姐姐秦秦，从此与她不再相干。

秦秦对于妹妹的提议是有些心动，但是因为手上并没有这么多的现金来补差价给妹妹，故只得作罢。姐妹俩协商了几次，都未能达成共识。秦秦跟淮淮做思想工作，暂且将分割财产之事搁一旁，待大家冷静地思考清楚了再协商，可是妹妹淮淮就是不肯，执意要迅速做出决定，她甚至还先斩后奏，找人来看房准备卖房了。秦秦劝不住，只好将妹妹淮淮告上了法庭。

淮淮为什么执意要将父母的所有房产变现呢？秦秦一直未曾深想这个问题，她一直觉得是因为妹妹淮淮的丈夫炒股亏了大钱，淮淮急需一大笔资金来填补那个空缺，她根本就不知道，淮淮是因为害怕回到旧房子看到父母的影子，害怕自己会回忆起跟父母一起生活的日子而心里难受。秦秦很小就去外地读书了，大学毕业之后虽然回到了父母所在的城市工作生活，但是很快就组建了自己的小家庭，可以说，她跟父母真正生活在一起的时间并不长。而妹妹淮淮从小就在父母身边长大，读大学也是住在家里，近几年才结了婚搬出去住的，她的生活里到处都充满了父母的影子，对于父母的突然离世，她一时之间根本接受不了，所以她想赶紧把房子卖了，把属于父母的一切都"清理"掉，让自己尽快走出已然失去双亲的阴霾。

如果秦秦能够读懂妹妹淮淮的内心，知道她要变卖父母的房产只是为了驱除心中的苦与痛的话，想必她也不会将自己的亲妹妹告上法庭，而会努力帮助妹妹抚平心中的伤痛。其实，财产的分割对姐妹俩来说真不是什么大问题，真正的问题在于她们没有建立起良性沟通的桥梁，她们彼此读不懂对方的心。

读懂人心，有利于促进人与人之间的良性沟通，稳固人与人之间的和谐关系；读懂人心，能够使人更好地为人处世；读懂人心，能够让人看清周边的环境，更好地保护自己……

不管社会有多进步，不管科技有多发达，不管人与人之间的生活距离和心理距离有多远又有多近，只要我们学会读懂人心，必然会人生无憾，今生无悔。

　　尖锐的批评和粗暴的指责往往并不能解决实际存在的问题，只有委婉地批评才能促使人更好地接受批评和及时改正错误，从而起到事半功倍的效果。

　　人都有做错事的时候，都有需要批评和改正的时候，但是批评的方式多种多样，有尖锐的批评也有设问启迪式的批评，也有责己感人的批评，等等。很多人推崇的是尖锐的批评这种方法，他们认为，只有你被刺痛了，才会牢牢地记住这种错，之后才不会再犯。可是，这种粗暴的批评方法副作用是非常大的。

　　人们常说"忠言逆耳"，可是在现实生活中，又有多少人愿意听逆耳的忠言呢？你指出别人的错误，是对别人的一种否定，有谁会甘心被人否定？不甘心接受批评的人则不会轻易改正错误。这很有可能会引起对方的不满，对你报以怨恨的态度。

好姐妹鲁斯对新来的下属胡海的工作态度非常不满，一件很简单的事交到胡海手里就会变得十分复杂，她不是忘记这样就是忘记那样，反正就是没带脑子也没带心来上班，总是要鲁斯来善后。本来公司领导调胡海过来是协助她工作减轻她负担的，结果却变成了增加她的负担，无形中让她多做了很多工作。为此，她很恼火，把胡海叫到办公室，噼里啪啦一顿狠训批评，最后还甩下狠话，若是胡海再不带脑子来工作，对她交办的工作任务再不上点儿心的话，她就让人事处给她发警告信或者解雇信。胡海从小就生活在优越的家庭环境里，被众星捧月惯了，哪里受得了鲁斯这顿臭骂，当即就拍桌子表示不接受鲁斯的批评也不会改正错误，你爱警告也好，爱开除也好，反正她就这态度，简直就把鲁斯给气爆了。之后，胡海向人事处申请调走，从此不在鲁斯手下干活了，但这并未消除胡海对鲁斯的怨恨，经常在背地里说鲁斯的坏话，还常常当着鲁斯的面说些冷嘲热讽的话，鲁斯对此除了表示无奈之外还能怎样？

领导批评下属，是时有的事。我跟鲁斯说，你这样正面地批评下属胡海，且批评得一点儿余地都不留，让胡海觉得这是一件很掉面子的事，即使她不是生于大富大贵之家受尽了恩宠，哪怕她只是生于一个平民老百姓之家，想必也会接受不了你的这种批评方式。

批评是要讲究方式方法的，尖锐的批评和粗暴的指责往往并不能解决实际存在的问题，反而很容易引起被批评者的反感，以至于造成一定的心理抗拒，影响到批评的效果。只有委婉地批评才能促使人更好地接受批评和及时改正错误，从而起到事半功倍的效果。

什么是委婉的批评呢？即将"逆耳忠言"变成"顺耳忠言"，将你的忠言裹上一层"糖衣炮弹"抛给对方，让对方听起来有种甜甜的感觉，那么自然就不会觉得逆耳反而会觉得顺耳了，听起来顺耳了，还会接受不了，改正不了吗？

我家黄先生因为工作的缘故，经常出差在外，即使不出差，也会因为有应酬而鲜少回家跟家人吃饭甚至陪孩子。我向来都是个没有脾气的好媳妇，我也从来都不想变成一个不讲道理的"泼妇"，所以一直以来都选择了默默地忍受，但是丈夫长年累月如此不着家，即使我表示没意见不吭声，孩子也会有意见，家里的老人也会有意见。孩子的外婆，也就是我的亲妈就经常在我耳边唠叨，说要我好好地批评和教育一下自己的丈夫，不能任由他这么不着家下去，不然等到家不成家、夫不成夫时哭都没有眼泪。而孩子也说，她希望自己的成长过程中爸爸不要缺席，她想每天都听着爸爸的声音入睡，她希望自己的每一次表演、每一次比赛爸爸都能够陪伴在她的左右。

　　尽管独立的我向来都很信任丈夫，也大力支持丈夫的工作和事业，但是身为家庭主妇的我，必须肩负起协调好家人之间和谐关系的重任，于是，我决定跟黄先生好好谈一谈，批评一下他这个工作狂，让他及时地改正错误，尽量平衡好工作和家庭的关系。

　　这天，黄先生出差回来，行李才放下没多久，他的电话就又响起来了。他接完电话，起身换鞋准备要出门，不用说，我也知道，他又有应酬了。

　　这时，孩子突然跑出来问黄先生，今晚是不是要去看她的舞蹈表演。黄先生稍微愣了一下，看看我，用眼神向我发出求救信号。一直以来，只要孩子缠着他要他陪伴着去做什么事而他恰巧又没有时间时，总是我及时地把孩子给哄开，而这一次，我明知道他的需求，却故意不帮他"解围"，反而对孩子说了句："爸爸很久都没有去看你表演了，这次爸爸跟妈妈一起去看好吗？"

孩子听罢自然是欢喜得不得了，急忙跑回房间换表演服。黄先生这才着急地问我刚才怎么不帮着他劝劝孩子，他今晚要去谈一笔生意，实在无法去看孩子的表演。我笑笑说，我当然知道你工作辛苦了，才出差回来，热饭都没来得及吃一口就又要出去忙，为了这个家，你真是劳心又劳力，没有你的辛勤付出，我们一家老小怎么能过上那么轻松自在的生活呢？黄先生微微冲我点点头说，为了你们，不管多辛苦我都觉得值得。这时，我话锋一转，轻声说道，可是陪伴是最长情的告白，一转眼，孩子都快到上小学的年龄了，你一直忙着工作鲜少有机会陪她参加一些活动，比如看她的表演，这对她的成长来说，会是一种遗憾，如果你不想孩子的这个遗憾一直再放大的话，就抽时间多陪陪孩子，多参加孩子的一些活动吧。

听罢我的话，黄先生若有所思并深刻地进行了反省。之后，他只要不出差，就尽量减少应酬的时间和次数而把更多的时间留给孩子，留给家庭。

很多女人在丈夫工作太忙而不顾家时，会选择粗暴地责骂或是尖酸刻薄地讽刺等方法来训斥丈夫，这样不但不能促使丈夫反省和改正，而且还会破坏夫妻间的感情，简直就是得不偿失。如果选择的是委婉地批评，像我那样，先给他"灌灌米汤"，褒奖赞美一下他，然后再委婉地指出其存在的不足之处，这样既不会破坏夫妻俩的感情，又犹如一股轻风沁入他的心脾，使其心甘情愿地接受批评和改正错误，何乐而不为呢？

本来你批评别人，也是为别人好，希望别人能够改正错误做更好的自己。可是若你使用的批评方法不恰当，好心好意就会变成了虚情假意，届时不仅输了彼此间的感情，还有可能为自己树立新敌。所以，我们在批评别人时一定要格外慎重和小心，一定要注意方式、方法，尽量委婉，做到真诚。